EPISTRE.

loit mourir pour sauuer son Amant; mais elle veut viure desormais pour publier vôstre Gloire, & pour se vanter que l'amour qu'vn Prince eût pour sa Beauté, ne la touche pas tant, que l'estime que vous faites de sa vertu. Elle a monté sur le superbe Theatre de vostre Palais auec des larmes de tristesse; mais elle en est descenduë auec des larmes de joye, puis que vous n'auez pas desdaigné de donner des souspirs au recit de ses douleurs, & des applaudissemens à l'heureux succez de ses aduantures. Aussi MONSEIGNEVR, comme c'est pour le seul diuertissement de Vostre EMINENCE qu'elle a fait esclater ses ardantes & legitimes passions, le monde n'eût jamais cognu son courage, si vostre generosité n'eût fait naistre la sienne. Les soins eternels que vous auez du Salut de la France, & de l'accroissement de sa Gloire; cét aimable repos dont vous vous priuez pour establir le sien; ces nuits continuelles que vous luy donnez pour mettre ses triomphes au jour; Enfin cette précieuse vie, dont vous sacrifiez tous les momens pour la rendre bien-heureuse, sont les nobles éguillons qui ont sollicité cette fidelle Amante de signaler son courage, & qui l'ont obligé de faire par exemple, ce que vous faites par les principes de la raison mesme. Veüillent les Muses qui m'ont inspiré ces vers, où ma bonne fortune a voulu que vous ayez trouué tant d'éclat & tant de force, passent jusques aux siecles futurs, &

EPISTRE.

qu'ils en facent la mesme estime que vous en faites; afin que ie sois à l'aduenir vne solide preuue de cette verité, que le jugement que le grand Cardinal DE RICHELIEV fait de nos Ouurages, doit estre celuy de toute la posterité. Pardonnez, MONSEIGNEVR, à ce rauissement d'esprit, & de joye; Il est bien difficile d'estre dans la plus glorieuse approbation du monde, & de se tenir tousiours ferme dans les bornes de la modestie. Aussi ces faueurs extraordinaires m'animent de telle sorte, que ie n'ay plus de voix ny de plume, que pour publier eternellement, qu'entre tous ceux qui ont l'honneur d'estre à vous, & de participer à vos bien-faits, il n'y en a point qui en ait plus de ressentiment que moy, ny qui soit plus que je suis,

MONSEIGNEVR,

De Vostre Eminence,

Le tres-humble, tres-obeissant, & tres-fidelle seruiteur,
GVILLAVME COLLETET.

ã iij

CYMINDE,
OV LES DEVX
VICTIMES,
TRAGI-COMEDIE.
Par Monsieur COLLETET.

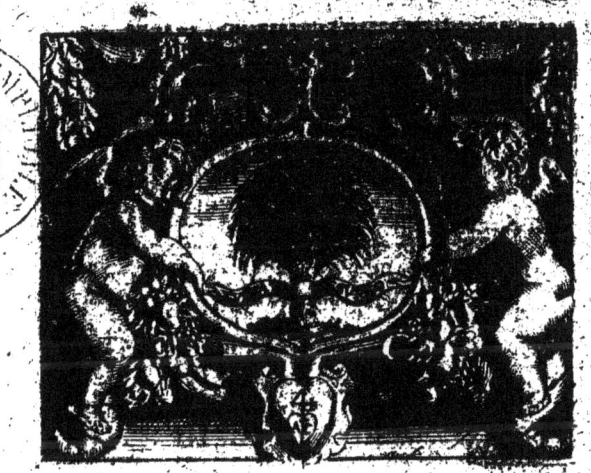

A PARIS,
Chez
{ AVGVSTIN COVRBE', Lib. & Impr. de Monſ. Frere
du Roy, dans la petite Salle, à la Palme.
ET
ANTOINE DE SOMMAVILLE, à l'Eſcu de France,
en la meſme Salle. }

M. DC. XXXXII.
AVEC PRIVILEGE DV R^j

A
MONSEIGNEVR
L'EMINENTISSIME
CARDINAL
DVC DE RICHELIEV.

ONSEIGNEVR,

Il n'y auoit rien qui fust capable de consoler Cyminde dans ses afflictions, que le fauorable accueil qu'elle a receu de Vostre EMINENCE. Elle vou-

PRIVILEGE DV ROY.

LOVIS par la grace de Dieu Roy de France & de Nauarre, A nos amez & feaux Conseillers les gens tenans nos Cours de Parlemens, Maistres des Requestes ordinaires de nostre Hostel, Baillifs, Preuosts, ou leurs Lieutenans, & tous autres Iuges & Officiers qu'il appartiendra, Salut. Nostre cher & bien amé AVGVSTIN COVRBÉ, Marchand Libraire de nostre bonne ville de Paris, nous a fait remonstrer qu'il auroit recouuré vn Liure intitulé, *Cyminde, ou les deux Victimes, Tragicomedie du Sieur* COLLETET, *Aduocat en nostre Priué Conseil, & en nostre Cour de Parlement*, Lequel il desireroit faire imprimer, Requerant humblement nos Lettres à ce necessaires. A ces causes desirant traiter fauorablement ledit Exposant, Nous luy auons permis & permettons par ces presentes, d'imprimer, ou faire imprimer ledit Liure, par tels Imprimeurs que bon luy semblera; & iceux vendre, & exposer en vente durant cinq ans. Pendant lesquels nous auons fait, & faisons tres-expresses inhibitions & deffenses à tous autres Libraires & Imprimeurs, de les faire imprimer, vendre ny debiter, sur peine de confiscation des exemplaires, & de trois mil liures d'amende, applicable vn tiers à nous, vn tiers à l'Hostel-Dieu de Paris, & l'autre tiers à l'Exposant, despens, dommages & interests. Et afin qu'ils n'en pretendent cause d'ignorance, Nous voulons qu'en mettant à la fin des exemplaires, autant des presentes, elles soient tenuës pour signifiées. A la charge toutefois de mettre deux Exemplaires dudit Liure dans noſtre Bibliotheque publique, & vn autre en celle de noſtre tres-cher & feal le Sr SEGVIER, Cheualier & Chancelier de France, à peine de nullité des preſentes. Car tel eſt noſtre plaiſir : nonobſtant Clameur de Haro, Chartre Normande, & Lettres à ce contraires. Donné à Paris le 8. iour du mois d'Avril 1642. Et de noſtre regne le trente-deuxieſme.

Par le Roy en ſon Conſeil,

LE BRVN.

Acheué d'imprimer le 8. de May 1642.

Les exemplaires ont eſté fournis, ſuiuant le Priuilege.

Ledit Courbé a cedé la moitié de ſondit Priuilege à Antoine de Sommauille, ſuiuant l'accord fait entr'eux.

Fautes d'impreſſion.

En la Tragi-comedie. Page 21. *dont*, liſez *donc*. P. 60. *tani*, liſ. *tant*. P. 94. apres ces mots, *Noble & iuſte couroux*, mettez cette ponctuation !

Dans les autres Poëſies. Page 9. *vne oblique*, liſez *vn oblique*. P. 11. *Dodonnne*, liſ. *Dodonne*. P. 30. *Shcomberg*, liſ. *Schomberg*. P. 34. *Le ſang dont ie naſquis*, liſ. *Celuy dont ie naſquis*. En la meſme page, *La Nymphe dont les mains*, liſ. *Celle de qui les mains*.

En la page 29. le Sonnet qui commence, *Nymphe qui rends les noms*, doit eſtre mis immediatement deuant celuy de la page 35. qui commence, *Toy qui dés cette Porte*.

ACTEVRS.

ARBANES. Roy de Sarmacie.
LISIDAS. Premier Prince du sang de Sarmacie.
CYMINDE. Demoiselle d'Albanie, depuis peu femme de Lisidas.
OSTANE. Prince de Sarmacie.
CALIONTE. Seigneur Sarmacien.
HESIONE. Femme d'honneur de Cyminde.
SCYLE. Fille d'honneur de Cyminde.
LICASTE. Bourgeois d'Astur.
ERYMANT. Bourgeois d'Astur.
ZORASTE. Grand Prestre.
DERBIS. Ministre du Temple.
VN PAGE.
Deux trouppes de Bourgeois.

La Scene est dans Astur, ville de la Sarmacie Asiatique, sur les bords de la mer Caspie.

CYMINDE.

CYMINDE,
OU LES DEUX VICTIMES,
TRAGI-COMEDIE

ACTE I.

SCENE PREMIERE.
CYMINDE, HESIONE, SCYLE.
CYMINDE.

QVE ton discours me donne vne sensible atteinte!
Et que d'impatience accompagne ma crainte!
Dy ce que tu voudras, je ne puis m'empescher
De regarder ce Temple, & de m'en approcher.

CYMINDE,
HESIONE.
Vous pouuiez au Palais attendre ces nouuelles.
CYMINDE.
Non, pour les preuenir mon Amour a des aisles,
Plus il m'approchera de ces funestes lieux,
Et pluftost ie sçauray la volonté des Dieux.

HESIONE.
Que craignez vous Madame ?
CYMINDE.
     En ce malheur extresme
Ie crains tout.

HESIONE.
Hé pour qui ?
CYMINDE.
    Ie crains pour ce que j'aime.
HESIONE.
Quoy que ce trait fatal face trembler chacun,
Il en menace mille, & n'en touchera qu'vn.

TRAGI-COMEDIE.

CYMINDE.

Ie le crains d'autant plus, s'il est vray qu'il esgale
La plus pauure cabane à la Maison Royale,
Et qu'il sousmette vn Prince à ceste injuste Loy.

HESIONE.

Pas vn n'en est exempt.

CYMINDE.

Pas vn ?

HESIONE.

Horsmis le Roy.
Mais tout exempt qu'il est du mortel sacrifice,
Il doit laisser agir la diuine Iustice ;
Et comme s'il cessoit de regner à ce iour,
La Loy faict desarmer le Palais, & la Cour.

CYMINDE.

Hé, t'estonnes-tu donc dans ce desordre extresme,
Si je dis en pleurant, je crains pour ce que j'aime ?
Il me semble desia qu'on m'en vient separer,
Que le peuple abbatu commence à respirer,
Que dessus nos lauriers j'oy gronder le tonnerre,
Et qu'à mon Lisidas il denonce la guerre.

A ij

CYMINDE,

HESIONE.

Esperez mieux du Ciel, il est juste, il est doux.

CYMINDE.

Il perd ces qualitez, si ie perds mon Espoux.

HESIONE.

Il aime sa vertu.

CYMINDE.

Bien moins qu'il ne l'ennuie;
Et sa vertu peut estre est fatale à sa vie.
I'en frissonne, j'en tremble, & je ne puis celer.....

HESIONE.

Ha, Madame, l'Amour vous faict craindre, & parler.
Mais de quelque malheur dont vostre cœur souspire,
Lisidas est vtile au bien de cét Empire ;
Et les Dieux vainement en auroient pris le soin,
Si l'Empire perdoit Lisidas au besoin.

CYMINDE.

Que ma crainte procéde ou d'vne amour trop grande,
Ou du vif sentiment d'vn mal que j'apprehende,

TRAGI-COMEDIE.

Ie me trouue reduitte en telle extremité,
Que jamais vn esprit ne fut plus agité.
Hesione apres tout, n'est il pas bien horrible
Dans la confusion de ce danger visible,
De voir le sang Royal au vil peuple esgalé?
Et mesme de le voir pour le peuple immolé?

HESIONE.

Le Ciel le veut ainsi pour expier vn crime.

CYMINDE.

Donc que le criminel n'en est il la victime?
Mais quel crime?

HESIONE.

Sçachez que nostre impieté
Anima contre nous vne Diuinité.

CYMINDE.

Comment! ce sacrifice est-il pas volontaire?

HESIONE.

Non, non, l'ire des Dieux l'a rendu necessaire.
Et nos crimes ont mis nos malheurs à ce point,
Que tous cruels qu'ils sont, ils ne finiront point.

CYMINDE.

*Les Scythes, & comme eux nos peuples d'Albanie
S'immolent à l'Autel de leur propre genie;
Et rien ne les oblige à s'immoler ainsi.*

HESIONE.

C'est vn Zele chez eux, mais vn deuoir icy.

CYMINDE.

*Ie n'auois rien encore appris de ce mystere;
Si tu ne m'eusses dit …*

HESIONE.

Bas.   *Ce que je deuois taire.*

CYMINDE.

*Que les Princes estoient en danger du trespas,
Loin de m'en tourmenter ie n'y songerois pas.
Mais puisque ceste terre est ta terre natale,
Que tu sçais de ces lieux la coustume fatale,
Instruis vne Estrangere aux Loix de ton pays;
Dy moy tout, Hesione, ou bien tu me trahis.*

HESIONE.

Vous ay-je pas d'abord de nos maux aduertie?

TRAGI-COMEDIE.

CYMINDE.

Ouy, mais d'y m'en la suitte.

HESIONE.

Il est vray qu'en Scythie
Et qu'en vostre pays. Mais luy dois-je conter
Ce qui peut de l'horreur à sa crainte adjouster?

CYMINDE.

Esleue vn peu ta voix, & fay que ta parole
Comme elle a faict mon mal, le flatte, & me console.

HESIONE.

Il est vray que le Scythe ainsi que l'Albanois,
Que le Coracien, que tous les peuples froids
Versent le sang humain dedans leurs sacrifices,
Et que ce mesme sang fait part de leurs delices.
Nous l'espandons aussi, mais bien diuersement.
Ceux-là ny sont portez que d'vn pur mouuement
De rendre grace au Ciel de leur bonne fortune,
Et nous pour appaiser le courroux de Neptune,
Qui vange encor sur nous le blaspheme odieux,
Que dans vn desespoir commirent nos ayeux.
Mais que sert le recit d'vne telle disgrace,
Qu'à redoubler vn mal dont la suitte nous lasse?

CYMINDE.

Le mal est adoucy quand il est descouuert:
Et le Temple aussi bien n'est pas encore ouuert.

HESIONE.

Attendant que l'on l'ouure, oyez donc vne Histoire,
Et fascheuse à conter, & difficile à croire.
Vn jour, mais jour fatal, jour trois fois malheureux
Que pour le bien de tous chacun faisoit des vœux,
Qu'on ne pensoit à rien qu'à celebrer la feste
Du Dieu qui donne aux eaux le calme, ou la tempeste;
Ie ne sçay quel Démon, roulant dessus la mer
Irrite tout à coup les vagues contre l'air;
Vn tourbillon de vent perce le sein de l'onde,
Sous ce puissant effort elle s'enfle, elle gronde;
Et portant iusqu'au Ciel ses flots impetueux,
Met vn seul Element en la place de deux.
Soy-mesme elle se choque, & dans sa rage extresme
Comme pour se vanger du vent contre elle mesme,
Elle fuit le tribut que toute onde luy rend,
Ou ne le reçoit plus, sinon en murmurant.
Puis opposant ses flots à la rapide course
Du Volge qui pour elle abandonne sa source,
Ce liquide rampart tient ce fleuue arresté,
Luy dont les eaux couroient d'vn pas précipité.

CYMINDE.

TRAGI-COMEDIE.

CYMINDE.

Tu me dis, Hesione, vn estrange spectacle,
Mais encore en quel temps arriua ce miracle?

HESIONE.

Madame, vn siecle entier s'est escoulé depuis;
Mais ce siecle a produit mille siecles d'ennuis.
Car ce Fleuue s'enflant, & passant les limites
Qu'à son vaste canal la Nature à prescrites,
Las d'auoir retenu ses flots emprisonnez,
Lasche bien tost la bride à ses flots mutinez;
Et rauageant par eux la campagne, & la ville,
Ne faict plus qu'vn estang de ce qui fut vne Isle.

CYMINDE.

Helas! comme ces eaux mon cœur est agité.
Mais que deuient le peuple en ceste extremité?

HESIONE.

Luy pour se garantir de ce nouueau deluge
Sur les Monts les plus hauts, va chercher son refuge;
Et pour fuir la mort, il se sauue en des lieux
Où souuent la faict voir la colere des Dieux.
Sur ces affreux sommets tout ce qu'il considere
N'est qu'vn tableau viuant d'horreur & de misere.

B

CYMINDE,

Il void flotter sur l'eau pesle-mesle assemblez
Des côtaux vagabonds de pampres & de bleds;
Il void le laboureur suiure à perte d'haleine
Le thresor fugitif de sa moisson prochaine;
Il void le vigneron sur des tertres voisins
Perdre auec desespoir sa peine & ses raisins;
Et les voyant tomber dans ce commun naufrage,
Il void perir ensemble & l'ouurier, & l'ouurage.
Mais Dieux! c'est là qu'il void auec estonnement
Cent cabanes voguer sur ce vaste Element;
Le souffle imperieux dont chacune est regie
D'abord les eut faict croire vn effect de Magie,
Si leurs combles brisez, & leurs flancs entr'ouuers,
N'eussent chargé ces flots de mille corps diuers.
C'estoit pitié de voir des familles pleurantes
Choir auec le debris de ces masses errantes,
Trouuer dans leurs maisons vn mobile tombeau,
Ou pour fuir la mort, la rencontrer dans l'eau.

CYMINDE.

En effet ce malheur estoit bien deplorable.

HESIONE.

La suitte vous dira qu'il fut incomparable.
C'estoit horreur de voir dans ces gouffres cruels
De ces corps perissans les deuoirs mutuels;

TRAGI-COMEDIE.

Le pere veut sauuer son Enfant qui s'engage,
L'Enfant veut garantir son pere du nauffrage,
La Mere veut sauuer sa fille ou son Espoux;
Mais en vain ; car vn flot les enueloppe tous ;
Et quoy que chacun face en ce danger extresme,
Loin d'en tirer vn autre, il y tombe luy mesme.
Ceux qui les contemploient de ces rochers affreux
Sembloient estre changez en des rochers comme eux.

CYMINDE.

Leur cœur à ces obiets estoit-il insensible ?

HESIONE.

Non, parmy tant de maux il seroit impossible.
C'est que l'horreur de voir tant de monde perir,
Sans luy pouuoir parler & sans le secourir,
D'vne telle pâleur auoit peint leur visage,
Qu'ils sembloient la mort mesme, ou du moins son image.
Ils n'osoient respirer au fort de ces malheurs,
Exhaler des souspirs, ny respandre des pleurs ;
Tant ils apprehendoient de passer pour complices
Des seueres Autheurs de ces cruels supplices ;
Las ! comme si leurs pleurs, & leurs souspirs mouuans,
Eussent accreu l'effort des ondes & des vents.

B ij

CYMINDE,

CYMINDE.

Vid on iamais d'obiet si triste, & si funeste?

HESIONE.

Que ne direz vous point quand vous sçaurez le reste?

CYMINDE.

Ie me prépare à tout, poursuiuez seulement.

HESIONE.

On void durer trois jours ce fier débordement ;
Puis Neptune s'appaise, & ses vagues dépites
R'entrent auecque luy dans leurs premiers limites ;
Nostre fleuue retourne en son lit de repos,
Par le mesme chemin qu'auoient marqué ses flots.
L'œil descouure aussi tost la terre au lieu de l'onde,
Et ce nouuel objet luy semble vn nouueau monde ;
Mais vn monde souillé des traces du Démon
Qui luy couure le sein de vase & de limon.
Vne gluante humeur du Soleil eschauffée
Espand vne vapeur tellement estouffée,
Que la terre, & le Ciel perdant leur pureté
Perdent leur abondance, & leur serenité.
De mille corps noyez l'horrible pouriture
De ses traits pestilens infecte la Nature,

TRAGI-COMEDIE.

Et rend l'air si funeste, & si contagieux
Qu'il adjouste à nos maux des maux prodigieux,
Puis qu'il persecuta douze Lunes entieres
Et le peuple, & les Grands en diuerses manieres.
Chacun d'eux en murmure, & chacun se resout ;
Cruel aueuglement ! à vouloir perdre tout.
Car au lieu de chommer la feste de Neptune,
D'implorer ses faueurs dedans leur infortune,
D'en diuertir le cours par prieres, par vœux,
Ils nommérent ce jour, & ce Dieu malheureux,
Briserent les Autels des Deitez supresmes,
Et changerent leur zele, & leur culte en blasphemes.

CYMINDE.

Ah quelle impieté !

HESIONE.

Qui leur cousta bien cher.
Helas ! ce fut vn trait qui tua son archer.

CYMINDE.

Que je preuoy de maux !

SCYLE.

Madame, il faut bien croire,
Que les Dieux dans le Ciel sont jaloux de leur gloire.

B iij

HESIONE.

Ce mespris general des Dieux, & des Autels,
Espuisa dessus nous l'ire des Immortels;
La Peste qui cessoit, s'allume d'auantage.
Il semble qu'au courroux elle adjouste la rage.
Elle n'estoit d'abord qu'vn naturel effect,
Mais alors elle vange vn insigne forfaict.
Tout remede deffaut à ce malheur funeste,
Il n'est rien qui ne donne, ou ne prenne la peste.
La Terre qui gemit soubs ces aspres chaleurs,
L'inspire dedans l'air, la communique aux fleurs;
Toute plante est ciguë, & la rose nouuelle
Faict de son doux parfum vne poison mortelle.
Les fontaines d'eau viue, & les petits ruisseaux
Font vn lac empesté de leurs plus saines eaux.
Ainsi, tout Animal qui maintient nostre vie,
Dés qu'il mange ou qu'il boit, Sent la sienne rauie;
Ou du moins il reçoit d'vn insensible effort
Vn air qui le corrompt pour nous donner la mort.
Enfin tout se destruit.

CYMINDE.

O déplorable perte!

TRAGI-COMEDIE.

HESIONE.

Des corps morts, ou mourans, la campagne est couuerte;
Et tant d'infection s'exhale de leur chair,
Que ceste odeur faict pis que la flâme & le fer;
Ils lancent du trespas les traits inéuitables,
Lors que de les sentir ils ne sont plus capables.
Et parmy tant de maux que l'Art ne peut guerir,
On void ou que tout meurt, ou que tout fait mourir.
   Cét air passe bien tost des champs jusqu'à la ville;
Astur en fait au Ciel vne plainte inutile;
Les peuples vont au Temple où le plus sain d'entr'eux
Void la fin de ses jours au milieu de ses vœux;
Le Sacrificateur soubs le mal qui l'opprime
Sent le coup de la mort, plustost que la victime.

CYMINDE.

Que deuient donc Astur?

HESIONE.

                  Vn lieu triste & desert;
Perdant ses habitans tout son lustre se perd.
Ceux qui restent pourtant, dedans ceste infortune
S'efforcent d'adoucir le couroux de Neptune;
Consultent leur deuoir, & son oracle aussi.

CYMINDE,

CYMINDE.

Que respondit l'Oracle ?

HESIONE.

Il respondit ainsi.
Pour appaiser les maux qui troublent ces Prouinces,
Ie veux qu'esgallement vn du Peuple, ou des Princes,
S'abandonne pour tous, ou par zele, ou par Sort ;
Qu'vne fois, en trois ans, on m'offre vne Victime,
Pour expier vn crime,
Qui merite la mort.
Et ceste ordonnance équitable
Doit estre irréuocable,
Si le crime, & le zele vn iour,
Ne me font refuser *deux victimes d'Amour.*

CYMINDE.

Les Dieux ont peu de soin de l'Empire où nous sommes,
S'ils font si peu d'estat de la perte des hommes.

HESIONE.

Encor que cét Arrest ne soit pas des plus doux,
Madame, auec plaisir il est receu de tous.
Chacun cognoist alors d'où le malheur procéde ;
Et comme on sent le mal, on en sçait le remede.

C'est

TRAGI-COMÉDIE.

C'est a qui pour l'Estat s'immolera d'abord ;
Orcas est le premier qui s'expose à la mort,
C'est le premier aussi dont le nom s'éternise ;
Le grand Prestre l'embrasse, exalte sa franchise,
Le couronne de fleurs dont il parfume l'air,
Le conduit par la main sur le bord de la mer,
Le met dans vn vaisseau, seul, sans voile, sans rame,
Et l'abandonne au Dieu que le peuple reclame.
Soudain la mer s'esmeut, puis vn abysme d'eau
Enseuelit ensemble Orcas & le vaisseau.

CYMINDE.

Sacrifice cruel !

HESIONE.

Mais plustost salutaire,
Puisqu'il fleschit vn Dieu qui nous estoit contraire.
La peste cesse à coup ; & malgré ce poison
La terre doit au ciel l'heur de sa guerison.
Tout l'air se purifie, & le peuple en enuoye
Iusques au firmament des Cantiques de joye.
Pendant que ces malheurs sont encore cuisans,
Cent hommes au lieu d'vn s'offrent tous les trois ans.
Mais comme enfin le temps efface la memoire
De la honte passée, ainsi que de la gloire,
Chacun se refroidit, nul ne s'offre à la mort,

C

CYMINDE.

Et le tribut!

HESIONE.

Pour luy l'on a recours au fort;
Et l'on fait aujourd'huy ceste ceremonie.

CYMINDE.

Qui merite plustost le nom de tyrannie.

HESIONE.

Le peuple est assemblé sur ce fait important;
Et l'esquif sur la mer, vne victime attent.
Ainsi...

CYMINDE.

Mais las! dy moy, cet effroyable abysme
N'a-t'il jamais encore espargné de victime?

HESIONE.

Non Madame, & combien que les flots Caspiens
Soient ceints de toutes parts de ports, de Citoyens,
On n'a ny veu, ny sçeu, que pas vne victime
Ait trouué son salut dans ce mortel abysme.

TRAGI-COMEDIE. 19

Il est bien vray que ceux, dont la haute valeur,
Et dont le sang illustre.....

SCENE II.
LICASTE. CYMINDE. HESIONE. SCYLE.

LICASTE.

O disgrace ! O malheur !

HESIONE.

Mais quelqu'vn sort du Temple.

CYMINDE.

Et ce triste visage
Est encor de mes maux vn sinistre presage.

LICASTE.

Riche, & pompeuse Astur, ton Empire est à bas,
Puisque ton Protecteur va souffrir le trespas.

C ij

CYMINDE,

CYMINDE.

Mon Amy, quel transport vous trouble, & vous agite?
Ah je tremble !

LICASTE.

Madame !

CYMINDE.

Hé bien ?

LICASTE.

Las !

CYMINDE.

Parlez viste.

LICASTE,

Diray-ie ?

CYMINDE.

Dittes tout.

LICASTE,

Diray-ie deuant vous,
Qu'il faut que Lisidas soit immolé pour nous ?

TRAGI-COMEDIE.

CYMINDE.

Lisidas!

LICASTE.

Lisidas.

CYMINDE.

O fatale tempeste!

LICASTE.

Le sort, de race en race est tombé sur sa teste.

CYMINDE.

Dieux! qu'est-ce que j'entens? Ah Scyle que ma peur
N'estoit pas de mes maux un augure trompeur!
Donc le salut public ma ruine conspire!
Dont ie perdray celuy par qui seul je respire!
Terre ouvre moy ton sein, devant que la douleur
Invente pour me perdre un plus sanglant malheur.
Mais las! Scyle, je perds la force & la parole;
Soustien ce foible corps de qui l'esprit s'envole.

HESIONE.

Rappellez cét esprit.

C iij

CYMINDE,

SCYLE.

Dissipez cét effroy:
Contraignez-vous, Madame, au moins deuant le Roy.

SCENE III.

LE ROY. LISIDAS. CYMINDE. SCYLE.
HESIONE. LICASTE.

LE ROY.

Le Roy sor-
tant du
Temple.

Non, suiuez nous.

LISIDAS.

Grand Roy, souffrez que je demeure:
Quitteray-ie l'Autel quand il faut que je meure?

LE ROY.

Le Roy par-
le à ses gar-
des.

Amenez le . . .

TRAGI-COMEDIE.

LISIDAS.

Bons Dieux!

LE ROY.

Ie veux voir à ce jour
Iusqu'où peuuent aller la Douleur, & l'Amour.
Voicy desia Cyminde.

SCYLE.

Ouy, le Roy sort du Temple,
Il vient, & Lisidas le suit & vous contemple.

CYMINDE.

Amour, ouure mes yeux, ressuscite ma voix;
Fay moy voir & parler pour la derniere fois.
Sire....

LE ROY.

Parlez Madame; en l'estat où vous estes
On trahit ses douleurs quand on les tient secrettes.

LISIDAS.

Cyminde...

CYMINDE.

Hé bien! faut il me separer de vous,
Et rompre vn nouueau nœud qu'Hymen rendoit si doux?

Ceste haute vertu qui vous comble de gloire,
Ne vivra-t'elle plus que dans nostre memoire?
Ce beau feu qui pour moy ne devoit point finir,
N'esclattera t'il plus que dans mon souuenir?
Et pour tuër ce Dieu qui ne fait que de naistre,
Prince, mon cher Espoux, cesserez vous de l'estre?
   Mais qui reclameray-je en l'estat où ie suis?
Grand Roy, n'estes vous point touché de mes ennuis?
Que ne dispensiez vous de ceste loy cruelle
Vn Prince si vaillant, vn Prince si fidelle?
Et que n'exemptiez vous du destin de l'Estat,
Vn qui de l'Estat mesme a relevé l'esclat?
Mais las! contre le Ciel vostre puissance est vaine.
C'est de vous, ô grands Dieux, que procede ma peine;
Immortels ennemis du repos des mortels,
Ayez plus de bonté vous aurez plus d'Autels;
Inuisibles Autheurs de ces maux effroyables,
Pouuez vous estre Dieux sans estre pitoyables?
O sacrifice impie! ô deplorable mort!
Faut-il que la vertu soit l'esclaue du sort?

LISIDAS.

Pour ne point ressentir la douleur qui la touche,
Que ne suis-je vn rocher? que ne suis-je vne souche?
Dieux, qui voyez ses maux, ou venez les guerir,
Ou redoublez les miens pour me faire mourir.

CYMINDE.

TRAGICOMEDIE.

CYMINDE.

Que me sert maintenant le titre de Princesse,
Qu'à faire d'autant plus esclatter ma tristesse ?
Ah! que ne suis-ie encore en l'estat où j'estois,
Deuant que vostre amour m'eut approché des Roys!
Mon rang il est bien vray paroistroit moins illustre,
Mais aussi mes malheurs n'auroient pas tant de lustre.

LE ROY.

C'est vn arrest du sort.

CYMINDE.

N'y consentez vous pas,
Grand Roy, si vous souffrez qu'on m'oste Lisidas ?
Mais commandez plustost qu'on m'oste la lumiere,
Que ceste heure qui court soit mon heure derniere,
Qu'on me perce le sein de flesches & de dars,
Qu'on m'arrache le cœur, qu'on le coupe en deux parts,
Ces outrages sanglants, & ces cruels supplices,
Au prix de mes douleurs me seront des delices.
Ouy, Sire, Lisidas m'est plus cher que mon cœur;
Par luy je vis contente, ou je meurs en langueur;
Et l'agreable nœud de nostre amour extresme
M'attache plus à luy, que mon cœur à moy-mesme.

D

CYMINDE,

*L'Amour qu'il eut pour moy fit naistre mon amour,
Sa grace & sa vertu l'augmentent à leur tour;
Et deuant que la mer en esteigne la flâme,
Astur verra ce corps séparé de son Ame.*

SCENE IV.

OSTANE. CYMINDE. LE ROY. LISIDAS.
HESIONE. SCYLE. LICASTE.

OSTANE.

*Sire, tous vos subjets s'eschapperont bien tost;
Ils se plaignent de vous, & murmurent tout haut
Dequoy vous emmenez ceste noble victime
Dont Neptune a fait choix pour expier vn crime.*

CYMINDE,

Traistre!

OSTANE.

*Le souuenir des antiques malheurs,
Le salut de l'Estat, vos interests, les leurs,*

TRAGI-COMEDIE.

M'excusent enuers vous si ie vous importune
De leur abandonner le tribut de Neptune.

LE ROY.

Ie sçay ce qu'il leur faut, & le cognois mieux qu'eux.

CYMINDE.

N'estoit-ce point assez, ennemy de mes vœux,
De m'auoir descouuert iusques dans l'Albanie
Ton ardeur insolente, ou plustost ta manie?
D'auoir fait differer nostre Hymen bien-heureux,
Sans t'efforcer encor d'en dissoudre les nœuds?
Si loüant Lisidas & sa race Royale,
Tu méprisois la mienne à la sienne inégale;
Pourquoy, Prince cruel, pourquoy violes tu
Ce beau Temple viuant d'Amour, & de Vertu?
Et ne perdras-tu point cette fureur extresme,
Qu'apres auoir perdu ce que j'aime, & qui m'aime?

LE ROY.

L'ardeur que vous feignez pour le bien de l'Estat,
Ne seroit donc ainsi qu'vn visible attentat?

OSTANE.

Le peuple....

CYMINDE,

LE ROY.

Hé bien, le peuple! il m'émeut, il me presse,
Mais que ne peuuent point les pleurs d'vne Princesse?
Veritables enfans de ses chastes Amours,
O pleurs! si ie n'ay pas arresté vostre cours,
C'estoit pour faire voir à ce cœur magnanime
Les tendres sentimens d'vne amour legitime.
Mais cessez de couler, car je veux aujourd'huy
Voir mon peuple en repos, & Cyminde hors d'ennuy.
N'en doutez point, Madame.

CYMINDE.

O Monarque propice!

OSTANE.

Sire, il faut que l'Estat, ou ce Prince perisse.

CYMINDE.

Tygre!

LISIDAS.

Hé sauuez l'Estat.

LE ROY.

Ie vous sauue tous deux.
Il se tourne
vers Ostane. *Quoy que l'Arrest du sort semble si rigoureux,*

TRAGI-COMEDIE. 29

Pourtant vne victime, & franche, & volontaire,
Peut rachepter ce Prince, & les Dieux satisfaire.
Vous le sçauez Ostane; & je sçais bien aussi
Qu'on ne manquera pas de victimes icy.

CYMINDE.

Mon cœur s'enfle d'espoir.

OSTANE.

Le mien tremble de crainte.   Bas.

LISIDAS.

Sire, le sort m'appelle, & je m'offre sans feinte;
Souffrez ce que les Dieux ont ordonné de moy.

CYMINDE.

Vous resistez aux Dieux, en resistant au Roy.

LE ROY.

Si pour sauuer les Grands de ces dangers extresmes,   Il parle à Lisidas.
Des esclaues zelez, des hommes libres mesmes,
Ont fait gloire autrefois de courir au trespas,
Pour vous en garantir que ne fera-t'on pas ?
Si vos soins ont sauué l'honneur de mon Empire,
Si par vostre valeur tout mon peuple respire,
Quelqu'vn de mes sujets se tiendra bien-heureux,
De faire autant pour vous, que vous fistes pour eux.

D iij

CYMINDE,

Ostane, dittes-leur ma volonté supresme,
Qu'ils gardent le respect, & gardez le vous mesme.

CYMINDE.

Mais, Sire, n'est ce point pour flater ma douleur?

LE ROY.

Non, c'est pour la destruire, & sauuer la valeur.
Vous en verrez l'effect; consolez vous, Madame.

LISIDAS.

Dans ces extremitez que fera donc mon Ame?
O soins prodigieux des bontez de mon Roy!
O nobles sentimens que Cyminde à pour moy!
O murmure du peuple! ô courroux de Neptune!
Partagez entre vous ma vie & ma fortune.
Dures necessitez de l'Amour, & du sort,
Ie seray satisfait si vous estes d'accord.

LE ROY.

C'est assez, suiuez moy, vous & ceste Princesse.

OSTANE.

Que ma flâme est aueugle! & que i'ay peu d'adresse!
I'aime ceste Beauté; cependant à ses yeux
Ie parle d'immoler ce qu'elle aime le mieux.

TRAGI-COMEDIE.

Qu'Amour est vn Enfant sans raison sans conduitte!
Et qu'il change en enfans les hommes de sa suitte!
Enfin que m'ont serui mes peines & mes pas,
Si les grands peuuent estre affranchis du trespas,
Quand le moindre mortel par zele ou par caprice,
S'abandonne pour eux aux loix du sacrifice?
Lisidas, c'est ainsi que tu crois euiter
Le gouffre où je taschois de te précipiter.
 Mais ne demeurons point en des routes si belles.
Esprit, qui m'inspiras tant de ruses mortelles;
Vengeance, jalousie, ardantes passions,
Faites sentir l'effet de vos impressions.
Empeschons par presens, d'effet, ou de parole,
Qu'au lieu de Lisidas quelqu'autre ne s'immole;
Et monstrons que pour perdre vn puissant ennemy,
On ne doit rien tenter, ny rien faire à demy.

Fin du premier Acte.

CYMINDE,

ACTE II.

SCENE PREMIERE.

LE ROY. LISIDAS en habit desguisé.

LE ROY.

VOY que vous me disiez, je ne souffriray pas
Que ce zele obstiné vous conduise au trespas.

LISIDAS.

Grand Roy, mourir ainsi, c'est marque de courage.

LE ROY.

Ouy, mais pour des ingrats, c'est vn effet de rage.
Et bien

TRAGI-COMEDIE.

Et bien que vous ayez vostre vie à mespris,
Ie la veux conseruer puisque j'en sçais le prix.
Peuple dénaturé, de qui l'ingratitude
Me met dans le desordre & dans l'inquietude,
Que ton soin respond mal aux desirs de ton Roy!
Et que tu parois froid à qui brusle pour toy!
Doncques le cry public espandu par la ville,
Dans le Temple, au Palais, par tous les coins de l'Isle,
Le desir d'obtenir les titres esclattans
De Pere du pays, & de Heros du temps,
D'auoir vne Statuë au Temple de la gloire,
De viure apres la mort dedans nostre memoire,
N'obligera pas vn de s'offrir aujourd'huy
Pour vn Prince que j'ayme, & qui fut ton appuy!
O peuple! si c'est trop pour vn Prince que j'aime,
Offre toy pour l'Estat, offre toy pour toy-mesme;
Ie n'y sçaurois penser que je n'entre en fureur,
Et mes propres suiets, me sont suiets d'horreur.

LISIDAS.

Sire, excusez ce peuple, il ne fait point de crime,
Ou s'il en fait quelqu'vn, que j'en sois la victime.

LE ROY.

C'est auoir trop d'Amour pour ceux qui n'en ont point.
Ha que le sort des grands est iniuste en ce point!

E

CYMINDE,

Ils protegent le Peuple, & pendant qu'il sommeille
Auſſi bien que leurs yeux, leur eſprit touſiours veille;
Pour donner du repos à ce bas Element
Ils imitent des Cieux l'eternel mouuement;
Et comme ces flambeaux que les hommes allument
Pour eſclairer le monde, eux meſmes ſe conſument.
Ils prodiguent leur ſang pour eſpargner le ſien,
Ils embraſſent le mal qui luy cauſe du bien;
Et pour dire en vn mot, touſiours, en toutes choſes,
Les Grands n'ont que l'eſpine, & le peuple a les roſes.
    Apres tous ces trauaux ont ils beſoin de luy,
Il deſdaigne, l'ingrat, d'appuyer ſon appuy.
Leur ſolide vertu, leurs peines veritables
Ne luy paroiſſent plus que Romans, & que Fables;
Il croid, comme pour luy, leur cœur doit tout tenter,
Qu'il n'eſt rien que leur bras ne doiue executer,
Et qu'vn vain compliment, ou qu'vn leger hommage
Ne paye encor que trop leur peine & leur courage.
    Que vous ſert donc d'auoir tant de Princes ſoumis?
D'auoir fait des vaſſaux de nos vieux ennemis?
D'auoir, comme vn Heros que la valeur excite,
Repouſſé de nos murs le Tartare, & le Scyte?
D'auoir tourné contre eux leurs funeſtes proiets,
Et deſſus ces Tyrans faict regner mes ſujets?
Bref d'auoir mille fois ſollicité mes graces
Pour des cœurs ſi rampans, & des ames ſi baſſes?

TRAGI-COMEDIE.

Si de tant de mortels qui respirent par vous
Ie n'en voy point qui s'offre, ou pour vous, ou pour nous?
Qui destinant sa vie à r'achepter la vostre
Hazarde son repos pour asseurer le nostre?
  Refuser à celuy qui nous a conseruez,
Vn homme seulement pour tant d'hommes sauuez !
Refuser vne femme, ô barbares infames !
A celuy qui sauua l'honneur de tant de femmes !
Refuser vn enfant à ce cœur genereux
Qui sauua tant d'Enfans, & preuint tant de vœux!
Peuple, enfin refuser vn esclaue à ton Maistre!
Vn esclaue à celuy qui t'empesche de l'estre!
Ah ! c'est vn crime digne & des feux, & des fers
Que pour vanger les Dieux ont forgé les Enfers.

LISIDAS.

Sire, c'est trop pour moy ; vostre bonté supresme
Estonne vostre peuple, & m'estonne moy mesme.
Ah ! que mes plus grands soins, & mes trauaux passez,
D'vn si noble courroux sont bien recompensez !
De vos ressentimens mon ame est plus rauie,
Que si tous vos suiets m'abandonnoient leur vie ;
Vostre peuple.....

LE ROY.

Ah l'ingrat !

CYMINDE,

LISIDAS.

Tout ingrat qu'il paraift,
Son procedé m'oblige, & son refus me plaift;
Puifqu'en vous oppofant à son humeur ingratte,
Voftre amitié pour moy publiquement efclatte.
Deftins, i'ay trop vefcu, puifqu'un tel potentat
Efgale mon falut au bien de son Eftat.

LE ROY.

Mais pour mieux exprimer ce que ie ne puis taire,
Dittes qu'à mon eftat Lifidas je préfere.
Auſſi, loin de fouffrir que ie vous perde ainfi,
Ie fouffriray pluftoft que tout se perde icy.
Ouy, que le Volge s'enfle, & fufpende sa courfe,
Que pour nous abyfmer il retourne à sa fource,
Que la mer dans Aftur face vn dernier effort,
Que l'horreur y reuienne, & la pefte, & la mort;
Que pour tout foudroyer les Dieux prennent les armes,
Ie verray tout perir fans refpandre des larmes;
Et loin de les blafmer d'vn excez de courroux,
Ie leur reprocheray de nous eftre trop doux.
Enfin pour diſſiper l'ennuy qui m'importune,
Ie veux vne victime, auſſi bien que Neptune.

TRAGI-COMEDIE.

LISIDAS.

Ha, Sire, la voila.

LE ROY.

Non, braue Lisidas;
I'en veux vne du peuple, ou bien je n'en veux pas.

LISIDAS.

S'il ne se peut resoudre à la mort volontaire,
C'est foiblesse, & non pas desir de vous déplaire;
Il ne sçait pas le prix d'vn trespas glorieux,
La vie est le seul bien qu'il croit tenir des Dieux;
C'est l'vnique thresor dont il se passionne,
Et c'est bien malgré luy s'il faut qu'il l'abandonne.

LE ROY.

Mais qu'elle soit ou non, vn précieux thresor,
Theon l'abandonna pour son Maistre Alcidor;
La jeune Alsinoé la perdit pour Acate,
Qui sauua son honneur des efforts d'vn Pirate;
Leurs images aussi decorent nos Autels;
L'Histoire parle encor de leurs faits immortels;
La Mort eut elle alors vn front plus agreable?
Et mon peuple est il moins à vos soins redeuable?

CYMINDE,

LISIDAS.

Si ce cœur, & ce bras ont agy pour son bien,
Ils ont fait leur deuoir.

LE ROY.

Que ne fait-il le sien ?
Vous l'auez secouru, qu'il vous soit secourable.

LISIDAS.

Souffrez qu'encore vn coup il me soit redeuable;
Et qu'ayant diuerty des hommes furieux,
Ie diuertisse encor la colere des Dieux.

LE ROY.

Quoy ? vous cherchez la mort !

LISIDAS.

Ie l'ay cent fois cherchée
Au sein des bataillons où je l'a creus cachée;
Vous mesme en m'exposant au peril des combas,
M'auez vous pas cent fois fait chercher le trespas ?

LE ROY.

Lors que dans ces dangers, Prince, je vous engage,
C'est que j'espere tout de vostre grand courage;

TRAGI-COMEDIE. 47

Mais que sert en cecy d'auoir de la vertu,
Puisque vaillant, ou lasche, il faut estre abbatu?
Puis je ne pretends pas vous sauuant pour ceste Isle
Que vous traisniez au monde vne vie inutile;
Mes Estats ont besoin d'vn homme belliqueux;
Pour eux qu'vn autre meure, & vous viuez pour eux.

LISIDAS.

Vous opposerez-vous au cours des destinées,
Qui veulent pour ma gloire accourcir mes années?
Choquerez-vous les Dieux, dont les justes proiets
Veulent estre suiuis des Rois, & des sujets?
Sire, craignez Neptune, enfin ceste tempeste
Qui tousiours de nos Roys a respecté la teste,
Pour punir ma froideur esclatteroit sur vous;
Quand à moy ie la crains plus pour vous, que pour nous.
Souffrez donc que ie m'offre, & souffrez que i'expire
Pour ce peuple, ou plustost pour vous, pour vostre empire.

LE ROY.

A ces raisons d'Estat, à ceste pieté,
I'oppose l'Amour mesme, & la mesme Beauté.
Que deuiendroit Cyminde apres ceste nouuelle?

LISIDAS.

I'espere que les Dieux, & vous, auriez soin d'elle;

LE ROY.

Elle a... voſtre vie.

LISIDAS.

Ouy, mais plus mon honneur.

LE ROY.

Liſidas, il eſt temps de vous ouurir mon cœur:
Ie veux que vous alliez d'icy chez Calionte,
Qu'auec ce meſme habit vous paſſiez....

LISIDAS.

Bas.   *Quelle honte!*

LE ROY.

Dans l'Iſle de Carymbe, où par vn ordre exprés
I'obligeray Cyminde à vous ſuiure de prés;
De crainte que ce peuple & brutal & ſauuage,
Pour ſe vanger de vous ne la retint pour gage.

LISIDAS.

Auoir pris de vos mains cét habit emprunté,
Et me reduire encore à ceſte extremité!
Quoy donc, me deſrober au bien de voſtre Empire!
Aux volontez du Ciel! à l'honneur où j'aſpire!

Le puis-ie

TRAGICOMEDIE. 49

Le puis-ie, & dois-ie faire? où m'iray-ie cacher
Que la foudre des Dieux ne m'y vienne chercher?

LE ROY.

S'ils demandent vn cœur, quoy! n'ont ils pas le vostre?
Vostre corps qu'il anime est au pouuoir d'vn autre.
Ils veulent vostre mort, vous la voulez aussi,
Le Ciel, l'Honneur, l'Estat vous l'ordonnent ainsi;
Mais puisque je trauaille à vous sauuer la vie,
Le Ciel, l'Honneur, l'Estat secondent mon enuie.
Pensez, cher Lisidas, aux seruices rendus,
Pensez qu'en vous perdant nous serions tous perdus;
Que vous auez vn bras qui soustient ma couronne,
Que si i'ay du repos c'est luy qui me le donne,
Et si nos ennemis se recullent de nous,
Qu'ils ne me craignent pas, mais qu'ils ont peur de vous.
Qu'Ostane contre moy pourroit tout entreprendre
Pour s'emparer d'vn Sceptre où vous deuez pretendre;
Puisque ce Sceptre enfin, dont vous estes l'appuy,
Par la loy de l'Estat vous est deu deuant luy.
Bref, pensez qu'auec vous j'acquiers tout, tout me cede,
Et que sans vous je perds tout ce que ie possede.

LISIDAS.

N'auez vous pas, grand Roy, tant d'hōmes courageux,
Dont le cœur & le bras surpasseront vos vœux?

E

CYMINDE,

Mais que dis-je ? en valeur, en sagesse supresme,
Vous n'auez eu jamais besoin que de vous mesme ;
Et si dans les combats j'ay faict quelques efforts,
Sire, vous estiez l'Ame & le chef de ce corps.

LE ROY.

Au secours, au secours, ma puissance Royale,
Secondez à ce coup mon amitié loyalle ;
S'il faut forcer vn Prince aussi bien qu'vne Loy,
Faites tout ce que peut l'authorité d'vn Roy.
Prince, vostre deuoir, Prince vostre naissance,
Vous oblige au respect comme à l'obeissance.

LISIDAS.

Mais......

LE ROY.

Ah ! sans repliquer contentez mon esprit.
Allez, faites enfin ce qui vous est prescrit.

LISIDAS.

I'obeys. Dieux, sauuez mon Prince, & sa Couronne,
Bornez vostre vangeance en ma seule personne.

TRAGI-COMEDIE.

LE ROY seul.

Depuis que i'ay d'Astur l'Empire Souuerain,
Vne Couronne au front, vn Sceptre dans la main,
Ie n'auois point cognu les droits d'vne couronne,
Ny l'absolu pouuoir que le Sceptre nous donne.
Comme Roy j'ay forcé cét homme genereux,
Ce Prince qui peut tout, fait tout ce que je veux.
Vn autre Amy plus tiede, & moins grand qu'vn Monarque,
N'auroit sceu malgré luy le soustraire à la Parque.
Mais j'apperçois Ostane, Ostane asseurément
Sera peu satisfait de cét euenement.

SCENE II.

LE ROY. OSTANE.

OSTANE.

Sire, plus que iamais vostre peuple s'anime,
Et voyant que pas vn ne s'offre pour victime,
Il veut.....

CYMINDE,

LE ROY.

Quoy ?

OSTANE.

Lisidas.

LE ROY.

Il veut !

OSTANE.

Et pour l'auoir
Il s'arme, & va sortir des termes du deuoir.

LE ROY.

Il veut donc Lisidas ! Quoy ce nom plein de gloire,
Ne resueille-t'il pas encore en sa memoire
Ce que fit cét Alcide au fort de nos douleurs,
Quand son bras estouffa l'Hydre de nos malheurs ?
Et s'il s'en resouuient, que ne perd il l'enuie
De voir mourir celuy qui luy sauua la vie ?

OSTANE.

Il n'est pas vn d'entre eux qui ne meure d'ennuy
De voir que ce desastre est tombé dessus luy.
Mais ils craignent enfin.....

TRAGI-COMEDIE.

LE ROY.

Que craignent ils les traistres ?

OSTANE.

De choir dans les malheurs où cheurent leurs ancestres.
Il leur semble desia que la peste, & que l'eau,
Ne font plus de leurs champs qu'un tragique tombeau;
Que tout fuit, ou tout meurt.

LE ROY.

   Contre ceste misere
Qu'ils offrent à Neptune un tribut volontaire.
Qu'entre eux le plus timide, ou le plus courageux,
S'immole pour ce Prince, ou s'immole pour eux.

OSTANE.

Vostre Empire est trop iuste, & vous trop magnanime
Pour ordonner qu'on meure ou sans Zele, ou sans crime.

LE ROY.

Ah! s'ils n'ont point de zele ils sont tous criminels,
Et tous ont merité les foudres eternels;
Quoy! ce Prince innocent mourir pour ces coupables!

F iij

OSTANE.

Ce sont les loix du sort.

LE ROY.

Dures !

OSTANE.

Mais équitables.

LE ROY.

Ostane, pensez vous d'un langage trompeur
Cacher les noirs desseins de ce perfide cœur ?
Non, non, vous hayssez ce grand Prince que i'aime,
Pource qu'il vous esloigne vn peu du Diadesme.
Sa vertu vous fait ombre & vous rend enuieux,
Vostre interest agit plus que celluy des Dieux ;
Et vous accuseriez son Destin ou le vostre,
Si ce foudre mortel fust tombé sur vn autre.

OSTANE.

Si contre Lisidas j'eus quelque different ;
Si ie me souhaittay plus heureux & plus grand,
Ma juste ambition n'a rien qui me conuie
D'accroistre ma fortune aux despens de sa vie.

TRAGI-COMEDIE.

Qu'il ait de la vertu, ie n'en suis point jaloux ;
Ie parle contre luy, Sire, mais c'est pour vous ;
Puisque le peuple émeu, bruit, tempeste, menace,
Et jure d'enleuer ce Prince.

LE ROY.

Ah, quelle audace !

OSTANE.

Le peuple est violent, quand la Religion
Iette les fondemens de la sedition.

LE ROY.

Que ceste Hydre à cent chefs, que ce mõstre à cent bouches
Face esclater par tout ses mouuemens farouches ;
Qu'il conspire auec vous la mort de Lisidas,
I'atteste tous les Dieux qu'il ne perira pas ;
Et je veux deuant vous que Cyminde l'apprenne,
Pour affliger vostre Ame, & soulager la sienne.

SCENE III.

CYMINDE. LE ROY. OSTANE. SCYLE.

CYMINDE.

Sire, mes petits soins ne sont pas malheureux,
Puisque les Dieux enfin ont exaucé mes vœux.

LE ROY.

Comment?

CYMINDE.

Par vn bon heur que leur grace m'octroye,
Vne victime s'offre, & s'offre auecque joye.

LE ROY.

O nouuelle agreable! ah Madame! on void bien
Que le Ciel auec vous veille pour nostre bien:
Quelle est ceste victime & feruente & propice
Qui sauue Lisidas, & s'offre en sacrifice?

CYMINDE.

TRAGI-COMEDIE.

CYMINDE.

Ha! c'est vne personne & qui veut, & qui croit,
En s'jmmolant pour luy faire ce qu'elle doit.

OSTANE.

Dieux!

LE ROY.

Dittes moy son nom, ie cognoy son courage.

CYMINDE.

C'est celle qui vous parle, & qui vous rend hommage.
Cyminde.

LE ROY.

Vous Madame!

CYMINDE.

Ouy, Sire, enfin c'est moy,
Qui veux par mon trespas éternifer ma foy.

LE ROY.

Vous mourir!

G

CYMINDE,

CYMINDE.

Ouy, mourir pour sauuer ce que j'aime.

LE ROY.

Ah, ce seroit tuer la moitié de luy-mesme!
Comme il ne mourra pas pour mon peuple auiourd'huy,
Non, vous ne mourrez point, ny pour nous, ny pour luy.

CYMINDE,

Grand Roy, prenez pitié d'vn peuple qui souspire,
Sauuez en me perdant ce Prince & vostre Empire;
Car si je ne meurs point, il faut que mon Espoux
Perisse auec l'Estat, & l'Estat auec vous;
Puisqu'il faut des grands Dieux appaiser la colere,
Ou retomber encor dans l'antique misere.
   O si vous auiez veu ce que ie viens le voir!
Vos propres interests vous pourroient esmouuoir,
I'ay veu d'vn Peuple esmeu le visage farouche,
Les larmes dans les yeux, les souspirs à la bouche,
Murmurer dans le Temple au fort de ses douleurs,
Et vous nommer tout haut l'autheur de ses malheurs.
Sire, je l'ay veu prest dans ces tristes allarmes
D'abandonner la plainte & de courir aux armes,
De venir inuestir ce Palais glorieux,
Pour rauir à son Roy la victime des Dieux.

TRAGI-COMEDIE.

Il disoit qu'vn effort luy sembloit necessaire,
Pour contenter le Ciel qu'on pouuoit vous déplaire,
Et que choquer les droits de vostre authorité,
N'estoit pas vn forfaict, mais vne pieté.
Dedans ces mouuemens, & de sang & de flâme,
Iugez, jugez de ceux que je sentois dans l'ame;
Par ces diuers transports, Sire, iugez du mien,
Puisqu'ils ne s'acccordoient qu'à vous rauir mon bien.
Aussi ces bruits confus, ces paroles cruelles,
M'estoient autant de traits & de pointes mortelles;
Tous les préparatifs de ce peuple insolent
N'estoient plus à mes yeux qu'vn Theatre sanglant;
Et parler deuant moy d'immoler ce que j'aime,
N'estoit-ce pas me dire; Immole toy toy-mesme?
   Dés que ie l'ay pensé, mon esprit la voulu,
L'Amour & le deuoir auec moy l'ont conclu;
I'ay mesme escrit mon nom dans ce funeste liure
Où vit le nom de ceux qui cesserent de viure,
Lors que pour obliger vn Amy genereux,
Ils moururent pour luy, comme il fut mort pour eux.
Aussi tost que le Peuple a cognu mon courage,
Il a changé de front ainsi que de langage,
Et louant de mon cœur la resolution,
Le sien a dissipé son apprehension.
Mille voix ont changé leurs ardantes menaces
En cantiques de joye, en actions de graces;

G ij

CYMINDE,

Chacun d'eux m'a nommée vn gage précieux
De la bonté d'Hymen, & de celle des Dieux,
Le vray remede aux maux qui nous ont fait la guerre,
Et le nœud qui rejoint le Ciel auec la terre.
   Mais si de quelque ioye ils ont flatté leurs sens,
Elle n'est rien au prix de celle que ie sens,
Quand ie viens à penser que mon amour pudique
Restablit dans Astur l'allegresse publique,
Et quand ie pense encore à l'honneur esclattant,
Que le Ciel me promet, & que mon cœur attant.
Quand je viurois vn siecle, ou quand les Destinées
Estendroient au de là le fil de mes années,
Que ferois-ie pour vous, Monarque sans pareil ?
Agirois-ie en la guerre ? agirois-ie au Conseil ?
Mon sexe est-il admis dans l'employ des affaires ?
Mon sexe est-il au rang des choses necessaires ?
Non, Sire, on nous condamne aux ombres de la nuit,
Moins on cognoist la femme & plus elle a de bruit.
Nostre vertu languit dés que nous sommes nées,
Et lors que nous mourons nous sommes couronnées,
Si la mort est ma gloire, helas ! souffrirez vous
Qu'on me priue d'vn bien si propice, & si doux ?

LE ROY.

Quoy ! vous aurois-ie faite auecque tant de peine
Princesse de Carymbe, & Dame Souueraine ?

TRAGI-COMEDIE.

Aurois-ie consenty qu'vn Hymen bien-heureux,
Vous donnant Lisidas, n'eust fait qu'vn de vous deux?
Pour perdre l'vn ou l'autre, ou tous les deux ensemble,
Et separer ainsi ce que l'Amour assemble?

CYMINDE.

Sire, ce mesme Amour me rendra desormais
Digne de tant d'honneurs, & de tant de bienfaits,
Puisque dans ce beau feu dont ie suis allumée
Ie cherche le bonheur d'en estre consumée;
Et si j'eus vn Espoux si parfait & si grand,
Ie le meriteray pour le moins en mourant.
Les Enfans qu'il aura d'vn Hymen plus prospere
Me deuront leur salut aussi bien que leur pere,
Et quand ils seruiront leur pays & leur Roy,
Eux, le Prince, & l'Estat se souuiendront de moy.
Ces Princes me croiront la cause de leur estre,
Quoy qu'vne autre que moy doiue les faire naistre.
Mais qui ne m'aimera, quand le grand Lisidas,
Vous fera triompher ou vous ne regnez pas?
Qu'à ce fameux Empire il ioindra des Prouinces?
Qu'il mettra dans vos fers des peuples, & des Princes?
Ne publira t'on pas alors en m'honorant,
Que i'ay fait auiourd'huy ces actes en mourant?

Ouy, Sire, si j'obtiens la fin que ie desire,
Ie sauue Lisidas, j'affermis vostre Empire,

G iij

Ie vous gagne des cœurs, ie vous fay redouter,
Ie vous fais par vn homme, vn monde surmonter;
Car bien que vous puissiez en faire la conqueste,
Il est le bras d'vn corps dont vous estes la teste.

LE ROY.

Cyminde, ie l'aduoüe; aussi ne puis-ie pas
Consentir que le chef laisse perir son bras.
Ouy, ie le veux sauuer de ce peril extresme,
Et le sauuer entier en vous sauuant vous mesme;
Car vous perdre, & vouloir conseruer ce vainqueur,
C'est vouloir qu'vn corps viue, & sans ame & sans cœur.

CYMINDE.

O zele merueilleux dont vostre amour esclatte!
Mais ô le vain espoir dont ce discours me flatte!
Puisque le Ciel s'oppose à vostre authorité;
Grand Roy, cedez aux loix de la necessité.
Ny force de raison, ny force de parole,
N'empescheront jamais que ce cœur ne s'immole.
Ie m'en vay voir la Reyne, & luy conter mon sort,
Puis prendre congé d'elle, & courir à la mort.

SCENE IV.

LE ROY. SCYLE. OSTANE. HESIONE.

SCYLE.

Sire, pour préuenir vn dessein si funeste,
Que vostre authorité face ce qui luy reste.
Ne laissez point perir des cœur si genereux.

LE ROY.

Ce Sceptre que ie tiens perira plustost qu'eux.
Suiuez là seulement au logis de la Reyne.

SCYLE.

Mais s'il faut qu'à l'Autel...

LE ROY.

   N'en soyez point en peine;
Puisque dans le Palais elle a porté ses pas,
Gardes, veillez si bien qu'elle n'en sorte pas.

<small>Scyle sort.</small>

Et vous, la voix du peuple, Ostane, allez luy dire
Et ce que vous voyez, & ce que ie desire ;
Et s'il veut que Neptune appaise son couroux,
Qu'il cherche vne victime autre part que chez nous.

OSTANE seul.

J'obéis. O Cyminde ! ô courage fidelle !
O diuine Princesse, aussi sage que belle !
Helas ! que vos discours ont mon cœur affligé !
Et qu'en vous resistant le Roy m'a soulagé !
Vous souhaittez la mort, & malgré vostre enuie
On n'espargnera rien pour vous sauuer la vie.

 Mais sa fureur m'estonne ; & j'apprehende ainsi
Qu'en perdant Lisidas, je ne la perde aussi.
Sa douleur... Toutesfois, la douleur d'vne femme
Agite plus souuent sa bouche que son Ame.
Ou si parfois l'ennuy touche son sentiment,
Ce rayon d'amitié n'esclatte qu'vn moment.
Le desir de garder le tiltre de Princesse,
Le temps qui sçait charmer la plus noire tristesse,
Luy faisant oublier cét obiet de ses vœux,
Luy feront quelque iour vouloir ce que ie veux.

 Espere donc, Ostane, & dans ceste pensée
Acheue de tramer l'affaire commencée,
Fay, fay valoir le zele, & la Religion,
Encourage le peuple à la Rebellion ;

Soustien

TRAGI-COMEDIE.

Souſtien que Liſidas doit payer en perſonne
Ce que le Roy refuſe, & que le ſort ordonne;
Qu'il faut malgré le Roy l'enleuer du Palais,
Le traiſner dans le Temple, & l'immoler apres;
Et que changer enfin d'offrande, & de victime,
C'eſt pluſtoſt vn refus, qu'vn deuoir legitime.

Fin du ſecond Acte.

ACTE III.

SCENE PREMIERE.

LICASTE.

ALLONS, & forçons tout; en ceste occasion
C'est vne pieté que la sedition.

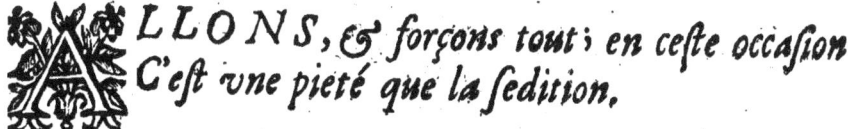

SCENE II.

ERYMANT.

S'Ils ont pris du Palais la route moins cognuë,
Allons les seconder par ceste autre aduenuë;

TRAGICOMEDIE. 67

Et monstrons pour seruir vne Diuinité
Que l'effect doit de prés suiure la volonté.

SCENE III.

OSTANE. DERBIS

OSTANE.

VOus m'auez obligé, je vous suis redeuable.

DERBIS.

Ie voudrois bien vous rendre vn seruice notable.

OSTANE.

Mon pere, auoit fait choir le sort sur Lisidas,
Ce seruice est plus grand que vous ne croyez pas.
Auoir remply le peuple & de zele & d'audace,
Auoir mis en sa bouche & priere & menace,
Auoir jusqu'au Palais accompagné ses pas,
Ce seruice est plus grand que vous ne croyez pas.

H ij

CYMINDE,
DERBIS.

Prince, c'est peu pour vous, je vous dois d'auantage ;
Si par vostre faueur & par vostre courage
J'obtins la qualité de Ministre d'vn Dieu,
Si dans son Temple Sainct je tiens le second lieu ;
Si les plus orgueilleux deuant moy s'humilient,
Si le Peuple m'adore, & les Roys me supplient,
Si pour me respecter on obserue més pas,
Ce bien faict est plus grand que vous ne croyez pas.
Qu'est-il apres cela que pour vous je ne fisse ?

OSTANE.

Ha ! vous pouuez encor me rendre vn bon office.

DERBIS.

Commandez.

OSTANE.

Lisidas au mespris de la Loy
Est sorty du Palais par les ordres du Roy.
Il a laissé Cyminde ; & la pauure Princesse
Est seule entre les mains du peuple qui la presse
De se sacrifier au lieu de son Espoux.

TRAGI-COMEDIE.

DERBIS.

En agissant contre elle, ils agissent pour vous.
Prince, laissez les faire; à la premiere Feste
Lisidas perira d'une mesme tempeste.

OSTANE.

Laisser perir Cyminde, & ne la pas aider!
Tout ce que j'entreprends, c'est pour la posseder.

DERBIS.

Hé comment! l'aimez vous?

OSTANE.

Demander si je l'aime!
Ouy, bien plus que mes yeux, & bien plus que moy mesme.

DERBIS.

Mais depuis quand?

OSTANE.

Trois ans se sont précipitez
Depuis que ses beaux yeux ont les miens enchantez;
Mon voyage fatal au pays d'Albanie
Vid naistre dans mon cœur ceste douce manie.

F iij

*Là je bruslay pour elle, & ne pûs m'empescher
De luy monstrer vn feu que je deuois cacher.
Mon pere, si deslors elle eust esté Princesse,
Elle eust esté ma femme ainsi que ma Maistresse;
Car bien que je l'aimasse auecque passion,
Si j'eus beaucoup d'Amour, j'eus plus d'ambition.
Mais apres que le Roy l'eut faite Soueraine,
Pour luy faire espouser cét objet de ma haine,
Ie redoublay ma flâme, & detestay ce jour
Où mon ambition surmonta mon amour.
Voir qu'en depit de moy Lisidas la possede!
Qu'en grandeur, qu'en Amour cét homme me precede!
Qu'en m'esloignant d'vn throsne où i'ay mis mon espoir,
Il m'ouure vn précipice, & qu'il m'y face choir!
Quoy, le voir triomphant, & Cyminde abbatuë!
Voir que le sort le flatte, & que le sort la tuë!
Si ie puis l'empescher, le pourrois-ie souffrir?*

DERBIS.

Non, puisque vous aimez, plustost cent fois mourir.

OSTANE.

*Si dans les mouuemens que la grandeur m'inspire
D'approcher d'vn degré le throsne de l'Empire,
I'ay faict ce que i'ay peu pour perdre Lisidas,
Si j'ay perdu ma peine aussi bien que mes pas;*

TRAGI-COMEDIE. 71

Si j'ay tout entrepris pour posseder sa femme,
Et si ie n'ay rien fait que d'augmenter ma flâme ;
Appuy de ma grandeur, comme de mes Amours,
Derbis, c'est de vous seul que j'attends du secours ;
Secondez de vos soins mon Amour, & ma haine ;
Sur tout sauuons Cyminde, ou mourons en la peine.

DERBIS.

I'y pense ;.... & je ne voy qu'vn acte violent
Capable d'empescher ce desastre sanglant.

OSTANE.

Que ne ferois-je point ? Mais quelle violence ?

DERBIS.

Sçachez que par nos loix....

OSTANE.

D'où vient vostre silence ?

DERBIS.

Du Roy, qui me l'impose en s'approchant de nous.

OSTANE.

Que n'est-il ?...

CYMINDE,

DERBIS.

*En vn mot, Prince, souuenez vous
Pour mettre en liberté celle qui vous engage,
De joindre la fureur auecque le courage;
Pour l'enleuer du Temple, assemblez vos Amis,
Forcez tout.*

OSTANE.

Il suffit.

SCENE IV.

LE ROY. CALIONTE.

LE ROY.

*Peuple, t'est-il permis
D'estouffer vn respect que la raison faict naistre?
Ingrat, t'est-il permis de te prendre à ton Maistre?
De conuertir ton zele en funestes projets?
Et de quitter le nom de fidelles suiets?*

Qu'vn

TRAGI-COMEDIE.

Qu'vn peuple furieux peut exciter d'allarmes
Quand la Religion luy fait prendre les armes!
Il n'est point de desseins dont il ne vienne à bout,
Il pense tout pouuoir alors qu'il ose tout.
Comme son seul objet, soy-mesme il se regarde;
Iusques dans mon Palais il a forcé ma garde,
Il a rauy Cyminde, en ma chambre, à mes yeux,
Encore en moutrageant, il dit, ie sers les Dieux.
Mes officiers dont l'Ame est molle, ou desloyale,
Ont mesme abandonné ma personne Royalle,
Et comme s'ils estoient les complices du sort,
Le plus foible party s'est rendu le plus fort.
  Genereux Lisidas, que mon Ame regrette
D'auoir precipité tes pas & ta retraitte!
Inuincible Heros, mon vnique recours,
Que ne vois-tu mon mal pour me donner secours?
Tu vangerois l'affront que l'on fait à qui t'aime,
Tu vangerois ton Roy, ton Espouse, & toy mesme,
Ton bras eut peu luy seul ces mutins arrester,
Et comme il t'eût fait craindre, il m'eust faict respecter.
Mais vois-ie pas le chef de ce peuple rebelle?

SCENE V.

LISIDAS. ERYMANT auec vne trouppe de Bourgeois d'Astur.
LE ROY. DERBIS. CALIONTE.

ERYMANT.

Allons, & nous vangeons de cét homme infidelle;
Il faut qu'à la iustice on l'immole à l'instant
Que Neptune aura pris le tribut qu'il attent.

LE ROY.

C'est Lisidas! ces gens l'ont pris sans le connaistre,
Mutins, où courez vous?

ERYMANT.

Emprisonner vn traistre,
Ou plustost vn Démon que l'Enfer irrité
Pour nous persecuter nous auoit suscité.

LE ROY.

Comment?

TRAGI-COMEDIE.

ERYMANT.

Il est sorty....

LE ROY.

D'où ?

ERIMANT.

De chez Calionte.
De là comme un Lyon que la rage surmonte,
Le coutelas en main, la flâme dans les yeux,
Il a faict un party contre celuy des Dieux,
Et s'est jetté sur ceux qui cherchoient la victime.

LE ROY.

Miserable vertu, passeras-tu pour crime ?

ERIMANT.

Dans vostre Palais mesme il nous a terrassez,
Et cent de vos suiets y sont morts ou blessez.

LE ROY.

Que n'a-t'il tout destruit ? Bas

CYMINDE,

ERYMANT.

Et sa maudite rage
Eût à nostre malheur esclatté dauantage,
Si le grand nombre enfin ne l'eût reduit au poinct
De ceder à la force, & ne resister point ;
Ainsi nous l'auons pris pour en faire justice….

LE ROY.

Cœur digne d'vn laurier, & non pas d'vn supplice !

ERYMANT.

On dit qu'vn vaisseau prest l'attendoit sur le port,
Mais sçachant qu'au Palais on faisoit quelque effort
Il s'est venu mesler parmy la populace,
Où du sang des Zelez, il a rougy la place.

LE ROY.

Si pour me deliurer d'vn peuple reuolté,
A la mercy d'vn peuple il s'est précipité,
Laisserois-ie perir ce Prince magnanime ?
Non, non, sauuons en luy la Vertu qu'on opprime.
Mettez le en liberté ; Peuple, c'est Lisidas.

ERYMANT.

La Iustice & la Loy ne le permettent pas.

TRAGI-COMEDIE.

LE ROY.

Dieux qui me desarmez….

SCENE VI.

LE ROY. LISIDAS. CYMINDE. SCYLE. DERBIS. CALIONTE. ERIMANT auec vne troupe de Bourgeois qui conduisent LISIDAS. LICASTE auec vne troupe de Bourgeois, qui conduisent CYMINDE.

LYCASTE.

ALlons belle Princesse.

Ils sortent du Palais où estoit allée Cyminde.

LISIDAS.

Traitter la beauté mesme auec tant de molesse!
Cruels, que faites vous?

I iij

CYMINDE,

LE ROY.

Roy foible, ou malheureux!
J'en mets d'eux en peril, voulant en sauuer deux.

LISIDAS.

Cyminde!

CYMINDE.

Lisidas!

LISIDAS.

Pourquoy, Peuple barbare,
Abusez-vous ainsi d'une chose si rare?

CYMINDE.

Mais pourquoy vois je encore, ô Tyrans inhumains!
Ma vie & mon thresor perir entre vos mains?

CYMINDE.

Cyminde prisonniere & par des gens infames,
Elle dont la vertu triomphe de nos Ames!

CYMINDE.

Lisidas prisonnier par un lasche attentat,
Luy qui fit tant de fois triompher cét Estat!

TRAGI-COMEDIE.

ERIMANT.
Allons, ces vains discours ny ces vaines reproches
Ne doiuent point fleschir nos cœurs.

LE-ROY.
O cœurs de roches!
Ne laisserez vous pas la plainte aux malheureux.

ERYMANT.
Puis que vous le voulez....

LE ROY.
C'est le moins que je veux.

LISIDAS.
Deliurez par ma mort ceste belle captiue.

CYMINDE.
Deliurez ce captif, qu'il vous serue, & qu'il viue.

ERIMANT.
Sire, pensez aux Dieux en ceste occasion.

LE ROY.
Ie n'y pense que trop à ma confusion.
Si les forces d'Astur laissoient agir les miennes,
Ie tenterois....

CYMINDE,

LISIDAS.

Grand Roy, laissez agir le sort;
Il m'ostera ces fers, en me donnant la mort.

CYMINDE.

Apprenez que le Ciel veut vne autre victime,
Puis qu'vne autre à promis de satisfaire au crime.

LISIDAS.

Le pourrois-ie souffrir? le pourrois-ie vouloir,
A moins que de trahir le sort & mon deuoir?
Mais qui m'offre apres tout ceste faueur extresme?
Cyminde, a qui la dois-ie?

CYMINDE.

A vostre vertu mesme;
A celle qui vous doit l'esclat de son bon-heur,
A qui vous doit ensemble & la vie & l'honneur.

LISIDAS.

Quelle crainte à ces mots me surprend, & me touche?

LE ROY.

Tu mourras, si ce nom s'eschappe de sa bouche.

LISIDAS.

TRAGI-COMEDIE.

LISIDAS.

Respondez-moy, Cyminde, autrement que des yeux.
A qui suis-je obligé d'vn bien si precieux?

LICASTE.

Ne le jugez vous pas? à Cyminde elle mesme.

CYMINDE.

Ouy, ie m'offre à mourir pour sauuer ce que j'ayme.

ERIMANT.

Vantez-vous donc d'auoir l'honneur de l'Vniuers.

LISIDAS.

Quoy? me vanter d'vn bien alors que ie le perds!
Ha! Madame, vos soins me combleroient de honte,
Si ma flâme cedoit au feu qui vous surmonte;
Mais on ne dira pas si l'on parle de nous,
Que j'eus moins de courage, & moins d'Amour que
    vous.

CYMINDE.

Lisidas, mon desir sera tousiours le vostre;
Mais quoy que ie vous cede & dãs l'vn & dans l'autre,

K

Le moins que je vous dois, c'est, ô mon cher Espoux,
De vous estre fidelle, & de m'offrir pour vous.

Si par vostre bonté, ma grandeur non commune
Void au dessous de moy la plus haute fortune;
Si n'estant pas Princesse & de race & de sang,
Vostre ardante amitié m'en a donné le rang;
Si ce titre d'honneur releue ma noblesse,
Permettez que ie face vn acte de Princesse;
Et puis que ie n'eus pas vn illustre berceau,
Souffrez que je merite vn illustre tombeau.

Pensez y Lisidas, sçachez qu'il vous importe
Que vostre Espouse meure, & meure de la sorte;
Car en mourant pour vous dans mes chastes liens,
Ie justifie ensemble & vos feux & les miens.
On dira qu'en m'aimant vous m'auez fait justice,
Que ce fut par raison & non point par caprice;
Et si ie vous aimay, que dans ma sainte ardeur
I'aimay vostre vertu plus que vostre grandeur,
Puisqu'en quittant pour vous l'espoir d'vne Couronne,
I'auray suiuy l'Amour & faict ce qu'il ordonne.

Vne autre esgale à vous de race & de splendeur,
Eut eû plus de merite auec plus de froideur;
Et croyant peu deuoir à vos flâmes si saintes,
Vous eût donné des pleurs, vous eût donné des plaintes;
Puis tesmoignant pour vous vn esprit abbatu,
Eut laissé la fortune opprimer la vertu.

TRAGI-COMEDIE.

Mais moy qui vous dois tout, mon deuoir me conuie
De vous donner mon sang, de vous donner ma vie;
Et sans vous tesmoigner vn esprit abbatu,
D'oublier la fortune, & sauuer la vertu;
Et je fais tous les deux dans l'ardeur m'anime,
Si j'appaise Neptune, & luy sert de victime.
Aussi bien, Lisidas, que ferois-je sans vous?
Ie trouuerois amers les plaisirs les plus doux;
Ma disgrace présente, & ma gloire passée
S'offriroient tous les iours aux yeux de ma pensée;
Viendroient solliciter ce cœur à tout moment
D'aller chercher sa vie au fonds du monument;
Et parmy ces excez d'Amour & de misere,
Mon desespoir feroit ce qu'ils n'auroient pû faire.
Ouy, ce bras....

LISIDAS.

Est-ce là ce cœur si genereux?

CYMINDE.

Est-ce manquer de cœur que d'en auoir pour d'eux?

LISIDAS.

Le courage paraist à se vaincre soy-mesme.
CYMINDE.
Le courage paraist à sauuer ce qu'on aime;

Car qui ne préuient pas les traits de ce malheur,
Monstre qu'il n'eut jamais ny d'amour, ny de cœur.
Ie veux rendre des deux vne puissante preuue,
En mourant vostre Espouse ; & non pas vostre veuve ;
Et vous laissant ce cœur, ce cœur qui vous est deu,
Me perdre auparauant que l'on vous ait perdu.
Apres tout, Lisidas, vostre Amante fidelle,
Vostre Cyminde meurs moins pour vous que pour elle;
Ie meurs pour satisfaire à mon affection,
Ie meurs pour satisfaire à mon ambition,
Pour acquerir vn bruit d'eternelle durée,
Pour estre apres ma mort des siecles reuerée ;
Enfin pour euiter les funestes transports
Qui me desgageroient moy-mesme de ce corps.

LE ROY.

Effect prodigieux d'vne amour veritable !
Sentiment de son cœur que tu m'es agreable !

LISIDAS.

Mais dessein qu'elle faict que tu m'es rigoureux !
Et qu'enfin trop d'Amour est contraire à mes vœux !
Cyminde, moderez l'ardeur qui vous transporte,
Que tousiours la raison soit en vous la plus forte,

TRAGICOMEDIE.

Vous aimer, & souffrir que vous perdiez le iour,
Seroit-ce meriter l'honneur de vostre amour?
Si le plaisir des sens mon Ame sollicite
De conseruer en vous la grace & le merite ;
S'il n'est point de grandeur, de rang, de dignité,
Que vous ne surpassiez en generosité ;
Si vous estes de bouche & de cœur implorée,
Comme vne Deité digne d'estre adorée,
Viuez dans cét esclat, & ne m'obligez pas
Moy-mesme à préuenir l'heure de mon trespas ;
Conseruez la douceur où vous estes nourrie,
Ne conuertissez point mon Amour en furie.

CYMINDE.

Monstrez vous furieux, ou monstrez vous Amant,
Pourueu que ie vous sauue, il n'importe comment.

LISIDAS.

Me sauuer à ma honte! Ah Cyminde, il faut croire
Que de ce que ie suis vous perdez la memoire!
Quoy? vous cherchez la mort & ie l'éuiterois!
Quoy? je vous verrois perdre & j'y consentirois!
Dans ceste occasion je ferois bien paraistre
Que vostre Espoux en fin n'est pas digne de l'estre.
Non, de quelque bon-heur dont vous flatiez mon sort,
Ie ne puis estre heureux qu'à l'heure de ma mort.

K iij

Mais pourquoy contester deuant ce grand Monarque?
Il sçait qui de nous deux doit contenter la Parque.
Neptune à contre moy fulminé cét arrest,
Il a conclu ma perte, & ma perte me plaist.
Vous opposer à luy, c'est vne irréuerence
Qu'il ne sçauroit traitter auec indifference;
Ne luy rauissez pas ce qu'il voulut choisir,
Et ne luy donnez rien qui choque son desir.
Ma mort est vn effect de mon obeïssance,
Et la vostre vn effect de vostre resistance;
Ma mort est de deuoir & de necessité,
La vostre vn mouuement d'vn esprit agité.

 Ha, Sire, pour sauuer vn Prince miserable
Que vos rares bontez m'alloient rendre coupable,
Si le Ciel dont les soins s'estendent icy bas
Ne m'eût faict au Palais reuenir sur mes pas!
I'aurois suiuy Cyminde, à ma honte eternelle,
Puis que ce corps mourant ne fut mort qu'apres elle.
Mais, grace aux Immortels, me voicy de retour,
Pour satisfaire au Sort, ainsi qu'à mon Amour.
Malheureux seulement de ne pouuoir vous rendre
Ce que de mes deuoirs vos soins doiuent attendre,
Et de n'auoir vn cœur qui pust mourir deux fois
Pour l'honneur de l'Estat, & pour l'honneur des Roys.
Mais puis qu'ils faut mourir pour vostre seul Empire,
Receuez pour l'effect tout ce que je desire.

TRAGI-COMEDIE.

LE ROY.

Dans l'ennuy que je sens qui me peut secourir ?
Me pourrois-je resoudre à vous laisser mourir ?
Non, non, je ne veux pas me rendre le complice
De la rigueur du Sort, & de son iniustice.

CYMINDE.

Et moy....

LISIDAS.

Vivez, Madame, autant que l'oeil des Cieux
Voudra de ses rayons favoriser vos yeux ;
Et puisque pour l'Estat il faut que ie m'immole,
Souffrez qu'au lieu de moy la Vertu vous console.

CYMINDE.

Comment me consoler, cruel & cher Espoux,
Si la mesme Vertu doit mourir avec vous ?
Dieux, Destins, que feray-je en ces dures alarmes ?
Où puis-je recourir qu'à vous mes tristes larmes ?
Coulez donc par amour, ou plustost par devoir,
Et plus que mes raisons taschez de l'esmouvoir.

CYMINDE,

LISIDAS.

Croire que ie me rende à des larmes si vaines!
Proposez moy des feux, proposez moy des gesnes;
Affligez mon esprit, persecutez mon corps,
Plustost je souffriray ces funestes efforts.

CYMINDE.

Mais pensez vous aussi que je me puisse rendre?
Que je me sois donnée afin de me reprendre?
Que quand ie me consacre à la Diuinité
Ce ne soit qu'une feinte, ou qu'une vanité?
Les Dieux m'ont demandée, & je leur fus acquise
Dés qu'à leur volonté la mienne fut soumise;
Si bien que la raison doit par vn noble effort
L'emporter auiourd'huy sur le hazart du sort.

LISIDAS.

Appellez vous hazart vn mystere adorable,
Que les Dieux ont rendu necessaire & durable?
Appellez vous hazart le salut de l'Estat?
Ma mort est vn deuoir, la vostre vn attentat.
Mais pourquoy differer ce iuste Sacrifice?
O Peuple, contentez la diuine Iustice,
Et puis qu'elle a pour moy ses abysmes ouuers,
Guidez moy dans la barque, & relaschez ses fers.

Que

TRAGICOMEDIE. 89

Que vostre pieté m'anime & me seconde;
Ou ma douleur fera ce que doit faire l'onde.

ERIMANT.

Allons au Temple; allons, ne perdons point de temps,
Zoraste y reglera ces tristes differens.

DERBIS.

Allons, je prends sur moy le soin de leur conduite.

LE ROY.

Triste commencement quelle sera ta suitte!

LYCASTE.

Ie n'attends du repos qu'apres ce iugement
Et ie n'en attends rien qu'vn triste euenement.
Cependant, Calionte, embrassez ceste affaire;
Faictes pour leur salut tout ce que l'on peut faire.

CALIONTE.

Pour ne rien negliger...

LE ROY.

Ne les esloignez pas.

L

CYMINDE,

SCENE VII.
LE ROY seul.

Ô Valeur! ô Beauté que vous auez d'appas!
Noble contention & d'Amour & de Gloire,
Où la mort est le prix qui suiura la victoire,
Si ie pouuois quitter ce vain tiltre de Roy,
Qu'en ce digne combat on parleroit de moy!
Vous verriez bien alors, genereuse Princesse,
Que j'aime Lisidas auec tant de tendresse,
Que l'on auroit sujet de douter quelque iour,
Si j'eus plus d'amitié que vous n'auez d'Amour.

Fin du troisiesme Acte.

TRAGI-COMEDIE. 91

ACTE IV.

SCENE PREMIERE.

LE ROY, CALIONTE.

CALIONTE.

VY, Sire, il est sauué; tout s'accorde à nos
vœux.

LE ROY.

Nouuelle bien heureuse, & qui me rend heureux!
Mais la dois-ie nommer nouuelle bien heureuse,
Helas! si j'en preuoy la suitte dangereuse?

CALIONTE.

Comment! Cyminde enfin pour luy s'immolera.

L ij

CYMINDE,

LE ROY.

Mais si Cyminde meurt, Lisidas la suiura.
Il aime sa beauté d'vne ardeur si fidelle,
Que ce Prince amoureux ne peut viure sans elle,
Et me dire auiourd'huy, Cyminde va perir,
C'est me dire en vn mot, Lisidas va mourir.

CALIONTE.

Vous ne craigniez pour luy que la mer, & l'orage.

LE ROY.

Mais ie crains maintenant les troubles de sa rage,
Et que dans ses transports il n'attire sur luy
L'orage dont la loy le préserue auiourd'huy.
Mais tu ne m'as pas dit, d'où vient qu'elle préfere
Aux victimes du sort, l'offrande volontaire.

CALIONTE.

L'aise que j'eus de voir vostre esprit si content,
M'auoit fait oublier ce mystere important :
Dans ce noble combat que l'Amour a fait naistre,
Voicy ce qu'à tout haut prononcé le grand Prestre.
  Celuy qui se dérobe aux Autels du grand Dieu,
Et qui peut vn moment voir vn autre en son lieu,

TRAGI-COMEDE.

Monstre vn cœur qui resiste aux volontez supresmes,
Ce que ne font pas ceux qui s'immolēt d'eux-mesmes.
  Or, Sire, vous sçauez que les Dieux immortels
Preferent qui les cherche, à qui fuit leurs Autels;
Et pour obtenir d'eux vne grace propice,
Qu'enfin l'obeïssance est vn grand sacrifice.

LE ROY.

Ouy; mais cela resiste au dessein que i'auois.
Dure necessité d'vn si funeste choix!
O grandeurs de l'estat! O repos de mon Ame!
Vous preferez desia ce Heros à sa femme.
Mais sçachant comme il l'aime, & l'aime auec chaleur,
Ouy, ie crains qu'agité d'Amour, & de douleur,
Dés que les flots auront son Espouse rauie,
Dans les flots de son sang il n'esteigne sa vie.
  Noble ioüet du sort, Monarque malheureux,
Helas! à quoy te sert vn titre si pompeux?
Si ton Sceptre impuissant, si ta volonté mesme
Ne peut sauuer celuy qui te sert & qui t'aime?
Dieux qui m'auez fait Roy, pour confirmer ce don,
Laissez m'en le pouuoir, ou m'en ostez le nom.

CALIONTE.

Sire, implorer ainsi la puissance eternelle,
C'est la prier d'agir plus pour vous que pour elle.

L iij

Le Ciel veut vne offrande.

LE ROY.

Il veut ce que ie veux ;
Qu'il se contente d'vne, & n'en prenne pas deux.
Et s'il faut qu'auec nous, l'vne ou l'autre demeure,
Qu'ils sauuent Lisidas, & que Cyminde meure.

CALIONTE.

Grace au Ciel....

LE ROY.

Mais apres ces troubles esclattans,
Quand ie possederay le repos que i'attens,
Ostane, ce perfide aura pour son salaire
Ce que m'inspirera mon ardante colere.
Il a pû faire vn iour que ie ne sois pas Roy ;
Mais vn iour me rendra ce que m'oste la Loy ;
Lisidas fut l'obiet de sa rage inhumaine,
Mais Ostane à son tour le sera de ma haine.

CALIONTE.

Noble & iuste courroux ! mais ô Roy genereux !
Dans ces ressentimens fauorisez nos vœux ;
Puisque le bien public vous demande vne offrande,
Accordez à l'Estat, ce que l'Estat demande ;

TRAGI-COMEDIE. 95

Et selon ses desirs venez au Temple.

LE ROY.

Moy?
*Ce mystere à besoin d'vn Prestre, & non d'vn Roy.
Loin ce funeste obiet.*

CALIONTE.

*Desia l'on sort du Temple,
Tout sera bien tost prest.*

*3. ou 4 per-
sonnes sor-
tent du Té-
ple & prece-
dent les vi-
ctimes.*

LE ROY.

*Qu'est-ce que ie contemple?
Deux victimes pour vne! est-il iuste, grands Dieux?
Démons que faites vous? estes vous furieux?
Lisidas sur l'Autel!*

*Lisidas &
Cyminde
paroissent
sur l'Autel*

CALIONTE.

*Ce n'est pas pour luy nuire,
C'est que Zoraste a dit qu'il le falloit conduire
Sur le bord de Neptune, afin qu'il ne creût pas
Qu'on voulust malgré luy conseruer Lisidas;
Qu'il le falloit prier de transporter luy-mesme
Le sort de Lisidas sur Cyminde qui l'aime,
Et d'agréer vn change où la mesme Beauté
Faict voir vn Zele esgal à sa fidelité.*

LE ROY.

Bien donc, mais Calionte, après ce sacrifice
Veillez sur Lisidas, gardez qu'il ne perisse;
Car en perdant Cyminde, & cessant de la voir,
Ie crains que son Amour ne cede au desespoir.

Calionte va accompagner les victimes.

SCENE II.

CALIONTE, LISIDAS, CYMINDE, SCYLE, ZORASTE, DERBIS, 2. Trouppes de Bourgeois armez.

Lisidas & Cyminde sont sur vn Autel mobile, qui roule imperceptiblemēt iusques sur le bord de la mer.

LISIDAS sur l'Autel.

Quoy Cyminde, mourir! faut il que ie le croye?
Mais pour comble de maux faut-il que ie le vaye?
Et que ces fers m'ostant l'vsage de ma main,
Ie ne preuienne pas ce spectacle inhumain?
Peuple qui me traittez comme vostre aduersaire,
Helas! que faites vous? ou que voulez vous faire?
Pensez vous sans ces fers que ie fuirois la mort?
Ou bien que contre vous ce bras fist quelque effort?

Non

TRAGI-COMEDIE.

Non, non, dedans l'excez de mon malheur extresme,
Ie n'en veux point à vous, je n'en veux qu'à moymesme;
Et loin de vous rauir ce que vous possedez,
Ie vous veux plus donner que vous ne demandez.
Dans les chauds mouuemens d'vn zele legitime,
Ie suis prest d'ajouster victime sur victime.
Ouy, je m'offre a ce Dieu dont vous suiuez l'erreur.
Que dis-ie vn Dieu? plustost vn Démon de fureur,
Qui n'a pour ses Autels que des tombeaux sinistres,
Que de noirs assassins pour ses sacrez Ministres,
Qui du sang le plus pur faict son plus doux encens,
Et qui protege tout, horsmis les innocens.

CYMINDE.

Espargnez, Lisidas, les puissances supresmes;
Il leur faut des respects & non pas des blasphemes;
Si leurs soins ont rendu vos bras victorieux,
A qui vous fit vaillant, soyez deuotieux;
Et pour n'augmenter point les crimes que j'expie,
Contentez vous d'aimer, sans vous monstrer impie.
N'irritez point le Ciel.

LISIDAS.

Que ne l'est il si bien,
Que vostre dernier iour fust deuancé du mien!

CYMINDE.

Contraignez vous vn peu.

LISIDAS.

   Mais pourquoy me contraindre?
Ie n'espere plus rien, ie n'ay plus rien à craindre.
Me rauir mon thresor! m'oster d'entre les bras
Ma Déesse visible, & ne m'en plaindre pas!
Exercer sur mon cœur autant de barbaries,
Que dessus les damnez exercent les Furies,
Et puis benir l'Autheur des peines que ie sens!
Ha, c'est trop peu d'amour, ou c'est trop peu de sens.
 Cyminde, quelque mal que Neptune me face,
Ce m'est vne faueur d'encourir sa disgrace;
Car s'il perce mon sein de ses traits acerez,
Il m'espargne les maux que vous me préparez.
Sa persecution fait ma bonne fortune,
Ie mourrois mille fois, & je n'en mourray qu'vne;
Ouy, grand Dieu, ie t'adore en m'outrageant ainsi;
Ouy, ie t'aime bien mieux irrité qu'adoucy.

CYMINDE.

Puissant Dieu de la mer à qui ie m'abandonne,
Conseruez Lisidas pour qui seul ie me donne.

TRAGI-COMEDIE.

Sacré dispensateur & des maux & des biens,
Soyez sourd à ses cris pour escouter les miens;
Ou si vous escoutez sa bouche qui blasphéme,
Vangez vous sur moy seule, & non pas sur luy mesme.
Puisque je satisfais aux offences de tous,
Dois-ie pas expier celles de mon Espoux?

LISIDAS.

Genereuse vertu qui redoubles ma peine,
Helas en m'obligeant que tu m'es inhumaine?
Plus vostre esprit esclatte au milieu de vos fers,
Plus ie cognois le prix du thresor que ie perds.
Mais puis-ie perdre vn bien que ie veux tousiours
     suiure?
Non, non ie m'offre à tout, horsmis à vous suruiure.
Cyminde, j'aime mieux en ce iour solennel
Vn tourment passager, qu'vn regret eternel.

CYMINDE.

Funeste passion dont son ame est blessée,
Ne cesseras tu point de troubler sa pensée?
Si vos chastes brasiers ont causé mon bon-heur;
Si vous auez aimé ma vie & mon honneur;
Genereux Lisidas, ne portez point d'enuie
A l'honneur que m'acquiert la perte de ma vie.

M ij

CYMINDE,

Ie ne suis que Princesse, & pour vn peu de sang
Ie tiendray dans le Ciel vn plus superbe rang;
De mon sexe icy bas je n'ay que les foiblesses;
Là i'auray les vertus qui parent les Déesses;
Et pour ce fraisle esclat dont brille ma grandeur,
Ie couuriray mon front d'eternelle splendeur.
En depit de la Parque & des maux où nous sommes,
Ie viuray glorieuse en la bouche des hommes.
Aimez donc ce que i'aime & qui ne peut finir;
Estendez vostre amour aux siecles aduenir;
Ne soyez point jaloux si je suis immortelle,
Et pour estre diuine en seray-ie moins belle?
 Tousiours quoy qu'il arriue, adorable vainqueur,
Ie seray morte au monde, & viue en vostre cœur;
Vous portez dans le sein la moitié de ma flâme,
Vous portez dans le sein la moitié de mon Ame.
Viuez donc pour ma gloire; & souffrez, cher Espoux,
Que mesme apres ma mort ie viue encore en vous.

LISIDAS.

Raison qui m'animez, faites que ie responde,
Et ne permettez pas que l'erreur me confonde.
 Est-ce là donc l'amour que vous me promettez?
Cét honneur qui vous flatte & dont vous me flattez,
Ne seroit plus pour moy qu'vn deshonneur infame,
Puisque je ferois voir moins de cœur qu'vne femme.

TRAGI-COMEDIE.

Voyla, diroit le Peuple, en se mocquant de moy,
Ce malheureux Espoux, ce cœur lasche & sans foy,
Que sa Femme sauua d'vn funeste naufrage.
Elle mourut pour luy, pouuant s'en dispenser;
  Et l'ingrat n'eut pas le courage
De la suiure au cercueil, ou de la deuancer.

CYMINDE.

On diroit bien plustost, voila ceste belle Ame
Qui se faisant des loix des desirs de sa Femme,
Dans vn gouffre de maux se laissa secourir;
Elle mourut pour luy, mais en viuant pour elle,
  Il fit parestre plus de zele,
Car viure malgré soy, c'est pis que de mourir.

LISIDAS.

Ouy, pis que de mourir, s'il faut que ie vous quitte.
Mais auant ce malheur qui n'a point de limite,
Arrachez de mon cœur le souuenir si doux
Des graces, des vertus qui m'attachent à vous.
Que le ressentiment de ma gloire passée
Ne soit plus dans mon sein qu'vne image effacée.
Que j'oublie auiourd'huy l'amour que ie vous doy,
Et tout ce que la vostre execute pour moy.
  Mais helas! quel moyen d'esteindre en ma memoire
Et mes premiers plaisirs, & ma premiere gloire?

Puissans charmes d'Amour, diuines qualitez,
Soyez tousiours l'obiet de mes felicitez;
Iustes ressentimens de l'heur que ie possede,
Loin de vous estouffer ie reclame vostre aide.
Beautez, graces, douceurs, que j'ayme & que ie sers,
Ne soyez pas au rang des choses que ie perds,
Et redoublant ma flâme ainsi que mon courage
Souffrez ce que m'inspire ou l'amour ou la rage.
Ie vous suiuray par tout, cher obiect de mon bien,
Quand vous ne serez plus ie ne seray plus rien,
Et comme l'eau rendra vostre mort prompte, ou lente,
La mienne sera douce, ou sera violente.

CYMINDE.

Lisidas...

ZORASTE.

C'est assez deferer à l'Amour.
Enfin, Neptune veut qu'on le serue à son tour.
Puisque pour le vanger des offences du monde,
Nous sommes arriuez sur les bords de son onde,
Rendons à sa bonté ce que nous luy deuons;
Commençons le mystere, ou plustost l'acheuons.
Grand, & puissant Demon de ce flottant abysme,
Sainct & sacré vangeur de l'offence & du crime,

TRAGICOMEDIE. 103

Comme le doux parfum de ces globes d'encens
Corrige les vapeurs qui nous blessent les sens,
Purge l'air qui causa nos disgraces premieres,
Et conserue aux Enfans la terre de leurs Peres.
Puisque pour expier leur noire impieté,
Nous deuons vne offrande à ta Diuinité,
Accepte de ma main ceste offrande supresme,
Qui s'offre pour vn autre, & s'offre d'elle mesme.
Approuue cét eschange, & sur elle reçoy
Le Destin de celuy qui fut choisi pour toy.

LISIDAS.

Contre ma volonté m'oster ma destinée!
Enfin ne suis-je pas la victime ordonnée?
Voir Cyminde en ma place! ô Peuple! ô Prestre! hé quoy!
Pouuez vous faire ainsi ce change malgré moy?
Non, je reprens mon sort, & je veux que ma teste
Soit le but eternel des traits de la tempeste,
Ie retien tout le mal que l'on me veut oster,
Et je rends tout le bien dont on me veut flatter.
Ce bien m'est outrageux, & ce mal m'est propice.

ZORASTE.

L'authorité des Loix, l'ordre du Sacrifice
Opposent la raison à vostre empeschement,
Et ne demandent pas vostre consentement.

LISIDAS.

O bras, iusques à quand te verray-ie innutile?

ZORASTE.

Zoraste rompt la chaisne de Cyminde & luy presente la main.

Vous donc qui vous offrez d'vne ame si tranquile,
Descendez de l'Autel, i'ay rompu vos liens.

LISIDAS.

Et vostre cruauté me laisse encor les miens!

CYMINDE.

Puis qu'enfin ie suis libre....

ZORASTE.

Zoraste meine Cyminde dans la Barque.

Aduancez sans rien dire.

LISIDAS.

En faueur de ce sang versé pour cét Empire,
Approchez Calionte, & desgagez ce bras
Qui mit pour l'esleuer tant d'ennemis à bas.

CALIONTE.

Dieux, moderez l'ennuy de son ame agitée.

LISIDAS

TRAGI-COMEDE.

LISIDAS.

Dieux rendez moy la mort que vous m'auez ostée.
Puisque ie ne suis point la victime du sort
Souffrez que ie la sois de mon iuste transport.
Dans l'estat où ie suis, ie ne suis plus moy-mesme,
La raison m'abandonne à la fureur extresme.
De la terre & du Ciel ie n'ay plus de soucy,
Ie haïs ce qui m'oblige, & ie me haïs aussi.

ZORASTE.

Entrez belle Princesse.

CYMINDE dans la barque.

Adieu, mais....

LISIDAS.

Calionte,
Que la gloire des Dieux me procure de honte!
Puis-je l'abandonner en ce funeste estat?
Puis-je mourir ailleurs auec plus d'esclat?
Lisidas sur l'Autel, & Cyminde en la barque.
O vaisseau de Neptune, ou plustost de la Parque!
Partirez vous sans moy? ne me retenez point.
Voulez vous separer ce que le Ciel a joint?

La Barque quitte lentement le riuage. Il parle à ses gardes.

Transports qui m'agitez en ce moment funeste,
I'ay perdu ma moitié, perdez ce qui me reste.

ZORASTE.

Allez, sainte victime, où pour nostre repos
Vous appelle aujourd'huy le Monarque des flots,
Vous seule consommez toute nostre misere,
Et receuez pour tous les traits de sa colere.
Ainsi, pour accomplir vos desirs & nos vœux,
Passiez vous de ceste Isle aux champs des bien-heureux!
Que là vostre vertu trouue la recompense
Que la terre promet, & que le Ciel dispense:
Mais en partant d'icy, sur tout souuenez vous
D'en partir auec joye.

CYMINDE.

O que si mon Espoux
Ne faisoit à nos Loix non plus de resistance!

LISIDAS.

Ouy, pour les obseruer i'ay la mesme constance,
Puisqu'un secret genie oblige mon esprit
A faire comme vous ce qu'un Dieu me prescrit.
Ouy, pour vous contenter, Cyminde, ie veux viure,

CYMINDE.

Viuez donc....

LISIDAS.

Ie viuray; seulement pour la suiure. *Il dit bas ces derniers mots.*

CYMINDE.

Enfin ie meurs contente, & quoy qu'en vous laissant
La perte que ie fais me soit vn mal pressant,
Mon cœur est consolé de la vertu du vostre.

CALIONTE.

Couple heureux, dont le cœur vit & meurt l'vn pour
  l'autre!

CYMINDE.

Souuenez vous au moins de Cyminde & des Dieux,
Et monstrez vous ensemble & fidelle & pieux.
  O larmes de mes yeux dont j'arrestois la source,
Pour ne point de ses pleurs faire croistre la course;
Souspirs, tristes enfans de mon cœur affligé,
Donnez moy du repos, ie vous donne congé;
Puis qu'il est si constant dans les maux qu'il endure,
Suiuez les mouuemens qu'inspire la nature;
Consolez Lisidas, & faites à ce jour
Tout ce que la douleur peut faire pour l'Amour.

N ij

CYMINDE,

Mais las! qui peut respondre à ce triste langage?
Ie suis loin de la terre, & proche du naufrage.
Ma voix se perd en l'air, mes cris sont superflus,
Et si ce n'est le Ciel, pas vn ne m'entend plus.

LISIDAS.

Que ce cruel vaisseau fuit auecque vistesse!
Il m'a tout emporté, si ce n'est la tristesse.
Où courez-vous, Cyminde? allez-vous au trespas?
Mon cœur vole apres elle, & ne la quitte pas.
Ne vous verray-je plus, Deesse que j'adore;
Dieux! i'ay perdu mon ame, & je respire encore!
Bas. *Mais cachons ce transport.*

ZORASTE.

O Prince genereux!
Il est temps à la fin que ie rompe vos nœuds.
Il rompt la *La victime est receuë, & la feste est finie,*
chaisne de *Neptune est satifait de la ceremonie.*
Lisidas *Soyez libre & content, viuez auecque nous,*
Pour les Dieux & le Roy, pour l'Estat & pour vous.

LISIDAS.

Il va pour *Ouy, ie viuray mon pere, & seray dans le monde*
se ietter dás *Iusqu'à tant que mon sort m'ait abymé dans l'onde.*
la mer.

TRAGI-COMEDIE.

CALIONTE.

Où courez-vous ainsi?

LISIDAS.

Mais pourquoy m'arrester?

CALIONTE.

Quelle fureur vous porte à vous precipiter?

ZORASTE.

Lisidas! est-ce là ce courage inuincible?

LISIDAS.

Que n'ay je mon espée?

ZORASTE.

O Dieux est-il possible!

LISIDAS.

Ny devoirs ny respects ne sont plus de saison.

ZORASTE.

Oubliez vous les Dieux? perdez-vous la raison?

LISIDAS.

Est-ce les oublier ces Monarques supresmes,
Que de chercher la mort qu'ils m'ordonnēt eux-mesmes?

ZORASTE.

Empeschez, empeschez le cours de son erreur,
Emmenez-le au Palais, préuenez sa fureur,
Calionte, & voyez à quels soins vous obligent
Nos propres interests, & les maux qui l'affligent.

SCENE III.

DERBIS seul.

Que Lisidas se perde, Ostane en sera mieux ;
Mais qu'Ostane ait perdu le flambeau de ses yeux !
Que Cyminde soit morte ! ô perte déplorable !
Qui fait vn triste Amant, d'vn Prince miserable.
Que ne dira-t'il point ? que ne fera-t'il pas ?
Là peut-il voir perir sans marcher sur ses pas ?

TRAGI-COMEDIE. III

Ie crains, comme il est prompt & sensible à l'outrage,
Qu'aux fureurs de l'Amour il n'ajouste la rage;
Enfin qu'en le perdant, ie ne perde auec luy
Tout ce que ma fortune attend de son appuy.
Contentemens d'Ostane, il est vray ie vous aime,
Mais i'aime encore plus ma fortune, & moy mesme.

Fin du quatriesme Acte.

CYMINDE,

ACTE V.

SCENE PREMIERE.

OSTANE seul.

AVX caprices du sort les hommes sont
    sujets !
Et qu'ils forment souuent d'inutiles projets !
I'ay voulu perdre vn Prince, & le Ciel au
    contraire
S'est rendu malgré moy son Démon tutelaire,
I'ay voulu de la mort Cyminde garentir,
Et l'onde malgré moy, s'ouure pour l'engloutir.
Desirs ambiteux, esperance interditte,
Ridicules amours, quittez ce qui vous quitte.
  O que de mes amis la trop lente froideur
N'a telle secondé ma violente ardeur ?

Qu'au

TRAGICOMEDIE.

Qu'au lieu de consulter si long temps ceste affaire,
N'ay-ie veu leur prudence un peu plus temeraire ?
Que n'ont ils eû moins d'ame & plus d'affection ?
Ce cœur seroit sans crainte, ou sans affliction.
Mais pour trop balancer leur deuoir & ma flâme,
Ils sauuent leur honneur, & je demeure infame.
Ah! dés qu'ils ont preueu ce triste euenement,
Pour garantir Cyminde, & perir noblement,
Pour estouffer le crime, & sauuer l'innocence,
Que ne venois-ie icy declarer mon offence ?
Mon sacrilege horrible ou l'Enfer mesme a part ?
Dont ie rougis de honte, & me repens trop tard,
Puisque malgré mes soins Cyminde est condamnée,
Et qu'aux Monstres des eaux elle est abandonnée.
Mais, ô diuin obiet, & d'Amour & de foy,
Ie laueray mon crime en m'immolant pour toy,
Soit qu'en quittant ceste Isle, & ces riues fameuses,
Tu faces ton entrée aux Isles bien-heureuses ;
Soit que pour reculer ton aimable repos,
Le Styx te face encore errer dessus ses flots,
Tu sçauras que ma main par un acte tragique
Aura vangé ta mort, & la cause publique.

Mais seroit-elle morte ? helas! ce bruit confus
Et des vents & des flots m'apprend qu'elle n'est plus,
Si ce n'est dans le fonds de ce mortel abysme,
Où Neptune est rauy de l'auoir pour victime.

O

Legitimes remords, honte de mes forfaits,
Faites moy reparer tous les maux que i'ay faits.
Verité toute nuë, oste ces voiles sombres,
Monstre ce que deuroient enseuelir les ombres.
D'y, dy que i'ay trahy Cyminde, & Lisidas,
Les puissances d'enhaut, & celles d'icy bas;
Et descouurant au Roy ceste noire malice,
Fay moy faire en mourant vn acte de Iustice.

 Haste toy donc perfide, ou la foudre des Dieux
Preuiendra malgré toy tes crimes odieux;
L'air s'euanoüira pour t'empescher de viure,
Et ces flots sortiront de leur lit pour te suiure;
Lors tu mourras de voir que le feu, l'air, & l'eau,
Seront au lieu de toy ton iuge & ton boureau.
Toy-mesme vange donc l'innocence perie,
L'ennuy de Lisidas, sa douleur, sa furie;
Vange l'impieté dont tu noircis le iour;
Vange l'Estat, le Roy, la Iustice, & l'Amour.

TRAGICOMEDIE.

SCENE II.
DERBIS.

Ais que veut dire Ostane ? enfin que veut il faire ?
Pretend-il reueler vn crime qu'il doit taire ?
Ses discours m'ont surpris. Ha ! s'il descouure au Roy,
Ce que i'ay fait pour luy, ce qu'il a fait pour moy,
Il se perd, il me perd. Derbis, preuien l'orage,
Cherche Ostane, & l'oblige à changer de langage.

SCENE III.
LISI DAS.

Douleur qui m'agitez, importune langueur,
Ou consumez ma vie, ou sortez de mon cœur.

CYMINDE,

Ou s'il faut qu'vn effort vous tuë, & me seconde,
Exposons nous ensemble à la mercy de l'onde.
   Attendez moy Cyminde, & qu'en mourant au moins,
Neptune soit mon Iuge, & vos yeux mes tesmoins;
Pour peu que vous erriez sur les flots de la Parque,
Nous passerons tous deux dans vne mesme barque.
Si ie n'ay sçeu plustost accompagner vos pas,
C'est vn crime innocent, ne m'en accusez pas;
On retenoit mon corps, cependant que mon ame
Vous suiuoit dans les eaux sur des aisles de flâme;
Et si i'ay le premier ressenty vostre Amour,
Ne me deuancez pas dans l'éternel seiour.
Malgré ce qui nous choque & qui nous desassemble,
Souffrez que nous vinions, ou nous mourrions ensemble;
Et que dessus ces flots eternisant ma foy,
Ie face vn acte digne, & de vous & de moy.

Il se iette dans la mer.

SCENE IV.

CYMINDE dans la barque. LISIDAS.

La Barque sort de derriere vn grand rocher.

CYMINDE.

Svis-je encore viuante? ô Dieux! quelle aduanture!
Qui trouble ainsi pour moy l'ordre de la nature?
Cét abysme de flots qui vient de se creuer,
Au lieu de m'engloutir à t'-il deu me sauuer?
Et comme si la mer refusoit son hostie,
Me faut il retourner d'où ma barque est partie?
 Grand Dieu de ces gouffres affreux,
 Pourquoy desdaignes tu mes vœux?
 Si ie suis ta saincte victime,
 Tes eaux me doiuent retenir;
Si ie ne la suis pas, perds moy dans cét abysme;
I'ay profané tes flots, ils me doiuent punir.
 Mais tousiours je m'auance, & l'air d'vn doux Zephire
Me fait viure dans l'Onde, où le Soleil expire.
 Démons du calme, esloignez vous,
 Vous causez mon inquietude;

Faut-il qu'un mouuement si doux
Caresse un Element si rude ?
La tempeste conuient à mes émotions,
Ie cherche des escueils, non pas des Alcyons.
    Dieux ! ie voy le seiour de mon bon heur extresme.
O Terre, où j'ay laissé la moitié de moy-mesme,
Si mon cœur te desire & craint de t'approcher;
S'il redoute pour toy la diuine colere,
Conserue Lisidas qui t'est si necessaire,
Et que ie fuis pour toy, quoy qu'il me soit si cher.
    Mais que vois-ie flotter sur ceste onde traistresse,
Qui suit ses mouuements, qui s'enfle, & qui s'abaisse?
C'est d'un homme noyé le miserable corps.
Grands Dieux, que vos secrets ont d'estranges ressorts!
Vous conseruez ce corps que la Parque vous liure,
Et vous tuez peut estre un corps qui vouloit viure.
Mais, ô mes tristes yeux, ne m'abusez vous pas?
Qu'est-ce que j'apperçoy ? seroit-ce Lisidas ?
Voila son mesme habit, & voila son visage,
Où le fier désespoir a tracé son image.
Ces Rochers dont le front passe au de là des airs,
Et dont le pied s'enfonce au de là des Enfers,
Mont sans doute cachée à sa fureur extresme,
Et me croyant perduë il s'est perdu luy-mesme.
Cruels flots, cruels vents, complices de mon sort,
N'auez vous differé le terme de ma mort,

TRAGI-COMEDIE. 119

Que pour me faire voir ceste noire infortune?
Et me faire mourir mille fois au lieu d'vne?
Dieu des eaux, que mes soins deuiennent superflus!
I'estois vostre victime & ie ne la suis plus,
Puisque pour preuenir mon zele & mon courage,
Lisidas m'a rauy ce funeste aduantage.
Mais s'il est vn thresor dont vous sçauez le prix,
Si me l'ayant rendu vous me l'auez repris;
Souffrez qu'en l'imitant, ma douleur eternelle
Acheue ce que l'onde exigeoit de mon zele,
Et qu'en suiuant ses pas ie tesmoigne à ce iour
Que je fais par deuoir, ce qu'il fit par Amour.

Qu'attends tu donc Cyminde? il s'approche, hai ie tremble!
Dieux, sans vous offencer pouuons nous estre ensemble?
Est-ce enfin qu'il attend le terme de mes iours?
Ou si sa voix mourante implore mon secours?
Mais comment secourir celuy qui me reclame,
Si ceste nef sans mats, sans voiles, & sans rame,
Est si foible & si lente à seconder mes vœux!
Amour qui donnes l'ame à tout ce que tu veux;
Anime vn peu ceste onde, excite vn peu d'orage,
Le salut d'vn Amant doit estre ton ouurage.
Pour reioindre deux cœurs que separent les flots,
Donne à mes bras la force & l'art des Matelots;
Fay de mes chauds souspirs vn vent qui le caresse,
Des rames de mes mains, des voiles de ma tresse.

Mes vœux sont exaucez; desia l'Onde s'émeut,
En depit de Neptune, Amour fait ce qu'il veut.
Approchez Lisidas, Cyminde vous appelle,
Venez, viuant ou mort demeurez auec elle.

 O vague qui coulez, d'vn mouuement trop doux,
Soyez vn peu plus forte, & i'auray mon Espoux.
Ie ne veux rien oster au Dieu qui vous commande,
Qu'aux despens de mon sang ceste main ne vous rende.
Flots, Amour, vn peu d'aide; ha! ie le puis toucher.

<small>Elle le prend par vn bras, & le conduit sur le bord.</small> *O Toy que ie fuyois & qui me viens chercher,*
Puisque je te rencontre, & que ie te possede,
Cyminde a fait ton mal, qu'elle soit ton remede.
Respect qu'on doit aux Dieux, dans ce mortel ennuy
Seroit-ce vous quitter que d'auoir soin de luy?

<small>Elle sort de la Barque.</small> *Quand j'auray satisfait à l'Amour qui m'anime,*
Ie m'abandonne à vous, ie suis vostre victime.
Sus donc, pour le sauuer redoublons nostre effort.

<small>Elle le tire sur le riuage.</small> *Le voila; Mais helas! dans les bras de la mort.*
Lisidas ne vit plus. Toutefois.... il souspire,
Mais ne seroit-ce point à ce coup qu'il expire?
Cruel Dieu de la mer, vien, vien reprendre l'eau,
Qui d'vne illustre vie esteint le clair flambeau.
Sortez funestes flots, sortez poison liquide,
Quoy! grondez vous encore apres vostre homicide?
N'estes-vous pas contens? Mais courage, bons Dieux!
Grace au Ciel, il respire, il entr'ouure les yeux.

L'Onde

TRAGI-COMEDIE.

L'Onde cede à leur feu, son cœur s'émeut, il semble
Qu'il veüille rendre grace au Dieu qui nous assemble.
Il revient ; Lisidas...

LISIDAS.

Où suis-ie?

CYMINDE.

Oyez ma voix.
Lisidas, parlez moy pour la derniere fois.
Mais que vois ie, bons Dieux? sa bouche s'est fermée,
Et ses yeux ont esteint leur flâme r'allumée.
Si vous fuyez de voir la lumiere des Cieux,
Voyez ce qui vous fut beaucoup plus précieux.
Si quelque onde vous flatte, ou vous est importune,
Ce sont pleurs de Cyminde, & non flots de Neptune.
Vous estes dans mon sein, non dans le sein des flots,
Non dans le mouuement, mais bien dans le repos.
Cyminde.....

LISIDAS.

Vous Cyminde !

CYMINDE.

Oüy Cyminde sans doute ;
C'est elle qui vous parle, elle qui vous escoute.

P

CYMINDE,

LISIDAS.

O toy qui reünis l'Espouse auec l'Espoux,
Mort, tu n'as point de traits qui ne me semblent doux.

CYMINDE.

Puis-qu'il plaist à l'Amour....

LISIDAS.

Ou plustost à la Parque,
Trauersons l'Acheron dans mesme barque.
Que mon cœur est content! que ie benis le sort,
Qui nous fait triompher sur les eaux de la mort!

CYMINDE.

Quel assoupissement! loin ceste erreur profonde;
Nous sommes, Lisidas, vous & moy dans le monde.
Voicy la mer d'Astur, & non l'eau d'Acheron,
La barque de Cyminde, & non pas de Charon.

LISIDAS.

Puissans Dieux de la mer, du Ciel, & du Cocyte,
Quelle fatalité veut que je ressuscite?

CYMINDE.

Vous plaignez vous du bien que vous receuez d'eux?
Et des soins qu'ils ont eu de nous joindre tous deux?

TRAGICOMEDIE. 123

Vous plaignez vous de voir que ma mort differée
Rende malgré ces flots vostre vie asseurée ?

LISIDAS.

O que vous estes douce en me persecutant !
Aimez moy d'auantage, ou ne m'aimez pas tant.
Non, non, puisque deux fois vous me sauuez la vie,
Mourir deux fois pour vous est toute mon enuie.

CYMINDE.

Vous mourir, & moy viure ! ha ne l'esperez pas.

LISIDAS.

Pretendez vous aussi d'aller seule au trespas ?
Vn seul cœur nous anime, vn seul nœud nous assemble,
Ensemble nous viurons, ou nous mourrons ensemble.

CYMINDE.

Mais en courant ainsi tous deux au monument,
C'est trop, vn de nous deux meurt innutilement.
Vne offrande suffit à la Parque obstinée,
Les loix vous ont absous, & je suis condamnée.

LISIDAS.

Les loix ! ha par les loix c'est moy qui dois mourir.   Il se veut jetter dans la mer.

P ij

CYMINDE,

CYMINDE.

Ne l'aurois-ie sauué que pour le voir perir?

LISIDAS.

Par tout où vous irez, je vous suiuray, mon Ame.

CYMINDE.

Vous que mon cœur adore, & que ma voix reclame;
Monarques eternels de la terre, & des flots,
Dois-ie aller par ce trouble au sejour du repos?
Violence d'Amour qui le porte à me suiure,
Dans ceste extremité dois-ie mourir, ou viure?
Mais que vois-ie?

LISIDAS.

Est-ce encor ce Peuple furieux?

TRAGI-COMEDIE. 125

SCENE V

LE ROY. CALIONTE. Trouppe de Bourgeois.
CYMINDE. LISIDAS. VN PAGE.

LE ROY.

O De la conscience effect prodigieux!
Apres ce coup funeste autant que legitime,
Dont Ostane à mes yeux vient d'expier son crime;
Apres qu'il s'est rendu son Iuge, & son bourreau,
Quel spectacle à t'on veu plus triste & plus nouueau?
Ie suis encor soüillé de ce sang detestable,
Qui vange l'innocent, & punit le coupable.
Mais ce n'est pas ce sang qui me tourmente icy,
Lisidas eschappé me donne du soucy,
Ie crain son desespoir, quoy que vous puissiez dire.

CALIONTE.

Ce tragique subiet, ce coup funeste, Sire,
A tellement troublé la Cour & vos Soldats,
Qu'vn seul moment a fait negliger Lisidas;

P iij

Et ce moment fatal a procuré sa fuite.

LE ROY.

Qu'on le cherche, & qu'on veille apres ceste poursuitte
Sans doute il est allé sur le bord de la mer,
Ou pour suiure Cyminde, ou pour la reclamer.
Mais que vois-ie sur l'eau ?

CALIONTE.

C'est la barque mortelle.
Sire, voila Cyminde, & quelqu'autre auec elle.

LE ROY.

Cyminde !

CALIONTE.

Et Lisidas.

LE ROY.

Eux-mesmes je les voy,
Lumiere de mes yeux vous dois-ie adjouster foy ?
Iamais nef sans perir ne vogua tant sur l'onde,
Iamais victime, ô Dieux ! ne vesquit tant au monde.
En sauuant celle-cy, vous tesmoignez au moins
Que la vertu supresme est digne de vos soins.

TRAGI-COMEDIE. 127

Mais, comment : Lisidas & Cyminde ! ô spectacle,
Qui n'est pas sans mystere ou plustost sans miracle !
Faictes venir Zoraste, & qu'il haste ses pas.

Il parle à vn page qui va querir Zoraste.

CYMINDE.

Esperance à ce coup ne m'abandonne pas.

LE ROY.

Il est temps....

Le Roy parle à Calionte.

CYMINDE.

Le Roy vient seconder mon courage.
Voyons à quoy l'Amour ou l'honneur vous engage.
Vous pourrez bien ailleurs terminer vostre sort;
La Terre à cent chemins qui meinent à la mort.

LISIDAS.

Differer ce deuoir si sainct, si charitable,
C'est vne lascheté....

LE ROY.

I'en veux estre coupable.

LISIDAS.

Dure necessité qui me rend tout confus !

CYMINDE.

Vous reparerez tout quand ie n'y seray plus.

LE ROY.

Auant que Lisidas m'apprenne ce mystere,
Ie vous rends grace, ô Dieux, d'vn succez si prospere;
Et voyant pour son bien mon desir exaucé,
Ie suis prest d'acheuer son salut commencé.
    Calionte, approchez de ceste onde fatale;
Amenez Lisidas. Que son visage est pâle!
Qu'il est foible! appuyez & conduisez ses pas;
Mais respectez Cyminde, & ne la touchez pas.
Depuis qu'elle est du Ciel l'Innocente victime,
Zoraste seulement la peut toucher sans crime.
Elle n'est plus du monde, vn commerce plus saint
L'vnit auec les Dieux qu'elle aime, & qu'elle craint.
Donc attendant qu'icy le grand Prestre se rende,
Venez Prince,

CALIONTE.

Venez, le Roy vous le commande.

LISIDAS.

O Roy tousiours propice & tousiours triomphant,
Me commanderez vous ce qu'Amour me deffend?

Voulez

TRAGI-COMEDIE.

Voulez vous ruiner ma gloire & ma fortune,
Et m'estre plus cruel que les flots de Neptune?
Ils m'ont rendu Cyminde en dépit de mon sort,
Ne l'eus-je en plaine mer que pour la perdre au port?
  Non, non, quoy que de moy l'onde, ou la terre ordonne,
Il ne sera point dit que ie vous abandonne;
Ie vous touche, & mon cœur ne peut s'imaginer
Que mes attouchemens vous puissent profaner.
On vous a jointe aux Dieux, mais nostre ame est vnie
Auant que l'on eût faict ceste ceremonie.

LE ROY.

Ah! ne resistez plus.

CYMINDE.

  Allez cœur genereux
Où le Roy vous appelle, aussi bien que mes vœux.

LISIDAS.

Estre où vous n'estes point! ce corps quitter son ame!
Plustost ceste onde esteigne & ma vie, & ma flâme.

R

CYMINDE,

SCENE VI.
LE PAGE. ZORASTE. LE ROY. CALIONTE. LISIDAS. CYMINDE.

LE PAGE.

Sire, Zoraste vient, & vient à plus grands pas
Que son âge caduc ne le luy permet pas.
LE ROY.
Luy qui sçait des grands Dieux les mysteres comprendre
M'apprendra de ceux cy ce que i'en dois attendre.
ZORASTE.
Grand Roy, je vous annonce vn miracle parfait
Que les Dieux ont preueu, comme les Dieux l'ont fait.
Ie sçay comme Derbis trahissant son office
A contre Lisidas espuisé sa malice ;
Que nous ayant trompez en abusant du sort,
Vous auez prononcé sa Sentence de mort ;
Qu'Ostane infame autheur de ce forfait infame,
A vos yeux, à vos pieds s'est percé de sa lame ;
Et que de ceste Mer le fauorable bras
Nous vient de rendre vifs Cyminde, & Lisidas.
De nos liures sacrez j'ignore l'escriture,
Où l'Oracle s'accorde auec ceste aduanture,

TRAGI-COMEDIE.

Puis que Neptune enfin nous monstre l'heureux iour;
Qu'il refuse, & qu'il rend Deux Victimes d'Amour.
Le Ciel est appaisé ; ceste Isle est hors de crainte
De voir renouueller le sujet de sa plainte ;
Et pour comble de joye, & pour signe de paix,
Ce cruel sacrifice est esteint pour iamais.
D'Ostane, & de Derbis l'horrible sacrilege
Les a precipitez eux mesmes dans leur piege ;
Et les Dieux qui sont bons, comme ils sont tout puissans,
Et ont voulu tirer ces deux cœurs innocens ;
Pour monstrer aux mortels qu'vn traistre peut combattre
L'Amour, & la vertu, mais non point les abbatre. *Il parle à Cyminde.*

LISIDAS.
Ie me trompe, ou voicy la fin de nos tourmens.

ZORASTE.
Ouy, Ministres sacrez de nos contentemens.

LE ROY.
Approchez donc....

ZORASTE.
Venez, que le Roy vous embrasse.

LISIDAS.
Allons.

CYMINDE.
Mais....

LISIDAS.
Tout le veut, *Lisidas & Cyminde leuent, & s'approch du Roy.*

CYMINDE,
ZORASTE.
Et tout vous en rend grace.
LE ROY.
Genereux Lisidas, & vous son doux espoir,
Que mon cœur est ravy du bien de vous revoir!
LISIDAS.
O faueurs de mon Roy que vous m'estes propices!
CYMINDE.
O Sire, qu'à nos maux succedent de delices!
LISIDAS.
Que nous deuons aux Dieux! que nous deuons au Roy!
Et que ie dois aux soins que vous eustes pour moy!
CYMINDE
Ie n'ay rien fait pour vous, que ce que j'ay deu faire.
CALIONTE.
O vertu qui merite vn succez si prospere!
LE ROY.
Si vous auez enfin ce que vous desirez,
Iouïssez du repos que vous nous acquerez.
Peuple, qui fis aux Dieux tant de vœux legitimes,
Souuien-toy que leurs soins ont sauué Deux Victimes;
Et qu'en les obligeant d'vn traittement si doux,
Ils conseruent l'Estat, & nous conseruent tous.

Fin du cinquiesme Acte.

www.ingramcontent.com/pod-product-compliance
Lightning Source LLC
Chambersburg PA
CBHW060206100426
42744CB00007B/1186